THE HYUNDAI
SEOUL
INSIGHT

더현대 서울 인사이트

사람들이 몰려드는 '페르소나 공간'의 비밀

THE HYUNDAI
SEOUL

INSIGHT

김난도 최지혜 이수진 이향은

다산북스

서문

오직 트렌디한 것이 살아남는다

'거래의 비대면화 현상'을 졸저『트렌드 코리아 2018』을 통해 '언택트untact'라고 이름 지은 것이 2017년 말이다. 이후 비교적 차분하게 진행되던 언택트 트렌드가 2020년 이후 COVID-19 팬데믹이라는 쓰나미를 타고 사회 각 분야로 퍼져나갔다. 원격수업과 재택근무가 잦아지면서 집에 머무르는 시간이 크게 늘었고, 사회적 거리두기가 강화되면서 식당에 방문하기보다는 배달로 식사를 해결하는 인구도 많아졌다. 언택트는 어느 순간 우리의 일상이 됐다.

언택트 시대, 산업의 비대면화에 제대로 대처하기 위해서는 무엇이 필요한가?

이 질문에 답하기 위해 집필한 책이 2020년 출간한『마켓컬리 인사이트』다[1]. 창업한 지 5년도 안 되는 기간에, 그것도 엄청난 풀필먼트(fulfillment, 배송) 인프라 투자가 필요한 비대면 유통 분야에서, 괄목할 만한 성장을 누린 이면에는 어떤 교훈이 숨어 있을까? 이 질문에 대한 나름의 분석을 『마켓컬리 인사이트』에 담고자 했다.

그 후 2년의 세월이 지나가고 있다. 곧 잠잠해지리라 믿었던 코로나바이러스는 더욱 기승을 부렸고, 시장의 비대면화는 더욱 강화됐다. 미국에서도 전통의 백화점들이 새로운 유통 강자 아마존^{Amazon}의 배송기지 또는 쇼룸으로 전락하고 있다는 소식이 속속 들려온다. 이제 슈퍼, 전통시장, 대형마트, 백화점과 같은 오프라인 유통은 어떻게 될 것인가? 온라인의 거침없는 발달로 결국 비대한 공룡들처럼 멸종해버릴지도 모른다는 소위 '리테일 아포칼립스^{retail apocalypse}', 즉 소매의 종말이라는 무시무시한 용어까지 등장하고 있다. 이는 유통만의 문제가 아니다. 영어로 '브릭 앤 모르타르(brick and mortar: 벽돌과 회반죽. 실제 공간이라는 의미)'라고 표현하는, 오프라인 실제 공간에서 사업을 영위하는 작은 동네 음식점부터 넓디넓은 메가플렉스 극장까지 크든 작든 모든 비즈니스의 문제다.

이렇게 가다가는 전통적 공간 비즈니스는
모두 온라인화하는 것이 아닐까?

이런 위기감이 팽배하던 2021년 초의 어느 날, 예상치 못한 뉴스 하나가 들려왔다. 여의도에 새로 백화점이 문을 열었는데, 몰려드는 인파로 몸살을 앓고 있다는 것이다. 코로나 사태로 인해 사회적 거리두기가 강력하게 시행되고, 소비자들도 사람이 모이는 곳은 기피하던 시기였다. 그 엄중함을 뚫고 몰려든 수백만 명의 인파라니!

그 주인공은 현대백화점그룹이 여의도에 새로 개점한 백화점 '더현대 서울'이었다. 서울에서 10년 만에 처음으로 개점하는 백화점이라는데, 이름부터 의미심장하다. '백화점'이라는 단어도, '여의도'라는 단어도 없다. 방문해보니 기존 백화점 공간의 문법을 깬, 새로운 공간 활용이 눈에 띄었다. 상뼲공간은 밀폐돼야 쇼핑객의 몰입도를 높일 수 있다는 상식을 깨고 군데군데 엄청난 보이드(void, 빈 공간)를 쓰고 있었다. 그 비싼 땅에 5층은 거의 전체를 정원으로 조성했다. 조경공간만 3400평, 약 170개 매장이 들어갈 수 있는 면적으로 대략 2000억 원의 매출을 포기한 공간이다. 층별로 엄격히 구분되던 관례를 깨고 남성복과 여성복이 2~3층에 뒤섞이고, 지하에는 처음 보는 브랜드들이 잔뜩 입점해 있었다. 백화점의 얼굴이라는 1층에는 명품매장이 터 잡아야 할 명당을 팝업스토어가 차지했다. 이 상식을 뛰어넘는 공간 활용이 젊은 소비자들에게, 그것도 엄혹했던 코로나 사태 와중에 엄청난 반향을 일으킨 것이다. 이는 무엇을 의미하는가? 그렇다.

죽어가는 것은 오프라인 공간이 아니라, 고정관념이다.
지루한 공간은 죽고, 가슴 설레는 공간은 산다.

비대면 유통의 발달과 코로나 팬데믹의 영향이 지속하는 동안 사람들은 언택트에 길든 것만은 아니다. 오히려 육화肉化된 물성物性의 경험을 더욱 갈망하게 됐다. 그런 의미에서 언택트 트렌드는 어떤 공간에는 위기가 아니라 기회다. 문제는 '어떤' 공간이 되느냐다. 더현대 서울은 단지 더 멋진 공간을 보여줬다기보다는 전통적인 소매의 고정관념을 깨는 새로운 장르를 열며, 미래 유통공간이 가져야 할 가능성을 보여줬다.

요즘 오프라인, 온라인, 모바일, TV, 라이브방송, SNS 등 구매 채널이 폭발적으로 증가하고 있다. 그냥 수만 늘어난 것이 아니라, 고객들은 이 다양한 채널을 오가며 매우 비정형화된 소비 행태를 보인다. 이처럼 구매 채널이 극도로 혼종화混種化하면서 오프라인 비즈니스는 디지털 전환Digital Transformation에 박차를 가하고, 온라인 비즈니스는 오프라인으로 진출하는, 전선戰線을 파악할 수 없는 경쟁이 벌어지고 있는데, 이러한 시대를 우리는 '뉴리테일 시대'라고 부르고자 한다. 이 책은 디지털 대전환의 시기, 뉴리테일 시대를 맞는 공간의 생존법에 관한 책이다. 현대사회를 '전통산업의 위기'라고 표현하지만 새로운 패러다임으로 무장할 수 있다면, 그것은 도리어 새로운 시장을 거머쥘 수 있는 황금 같은 기회가 된다.

온라인과 오프라인 채널이 거침없이 혼종하는 '뉴리테일 시대', 어떻게 하면 열망하는 공간을 만들어낼 수 있을 것인가?

이것은 단지 유통업계만의 질문이 아니다. 휴먼터치[human touch], 즉 사람의 손길이 필요한 서비스 산업, 경제의 모세혈관이라고 할 수 있는 골목골목의 생활편의 산업, 고객이 직접 몸으로 부딪쳐야 의미가 있는 관광·여가 산업 등 거의 모든 산업의 문제다. 아무리 비대면 기술이 발달하고, 쇼핑 채널이 많아지며, 심지어 전염병으로 구매 활동이 제한된다 하더라도, 아니 어쩌면 그럴수록 더, 따뜻한 사람의 손길, 편안하고 즐거운 공간, 만져볼 수 있는 상품에 대한 열망은 더욱 강해진다. 사람들은 온·오프라인이 자연스럽게 연결된 쇼핑경험을 원하는 것이지, 오프라인을 외면하는 것은 아니다.[2] 이제 공간을 기반으로 하는 오프라인 산업은 하이브리드[hybrid] 채널의 도전에 응전하면서 포스트 코로나를 준비해야 할 때다. 이러한 시기에 공간 비즈니스의 새로운 활로活路를 보여준 더현대 서울의 경험을 되짚어보는 것은 매우 의미 있는 작업이 될 것이다.

본서는 『마켓컬리 인사이트』와 여러 면에서 대구를 이룬다. 마켓컬리는 온라인에 특화하고 있지만, 더현대 서울은 드넓은 공간에 터 잡은 백화점이다. 마켓컬리는 2015년에 설립돼 이제 일곱 돌을 맞는 새내기지만, 더현대 서울은 1971년 설립된 '금강개발산업주식회사'를 모태로 50년이 넘는 관록을 가지고 있다.[3] 마켓컬리는 창업자인 김슬아 대표의 개인적인 리더십이 회사 운영의 동력이지만, 더현대 서울은 오랜 조직과 탄탄한 시스템에 의해 움직인다. 그런 의미에서 『마켓컬리 인사이트』와 『더현대 서울 인사이트』를 비교하며 읽는 것도 재미있을 것이다.

그런데 이번에는『마켓컬리 인사이트』를 저술할 때와 달리, 고민도 없지 않았다. 마켓컬리는 이제 상장을 앞두고 있는 스타트업이지만, 더현대 서울은 막강한 자본력을 갖춘 현대백화점그룹의 지원을 받는다. "저런 공간 개발은 현대백화점 같은 대기업이나 할 수 있는 일이다" 혹은 "돈만 있으면 저런 공간을 누가 못 만들 것인가?" 하고 치부해버린다면, 우리가 배울 수 있는 교훈은 별로 없을 것이기 때문이다.

하지만 해당 공간에 대한 밑조사를 시작하고, 이 프로젝트를 담당했던 현대백화점 측 실무진과 인터뷰를 준비하면서, 그런 걱정이 기우였음을 깨달았다. 쉽게 말해서 '큰돈 들여 멋지게 공간을 꾸며놓는다고 고객이 저절로 몰려들지는 않는다'는 것이다. 더현대 서울의 성공은 단지 '공간'의 성공이 아니었다. 치밀한 타깃 설정을 바탕으로 한 고객경험Customer eXperience, CX의 재설계, 집요하도록 타깃에 특화된 머천다이징MD, 차별화되는 콘텐츠, 새로운 매체를 통한 커뮤니케이션과 마케팅, 위임과 신뢰의 조직관리 등 백화점에 관한 기존의 고정관념으로부터 환골탈태한, 새로운 패러다임이 가져다준 성공이었다.

이 책은 서문과 프롤로그를 비롯해 총 다섯 개 파트로 구성되어 있는데, 각각의 부제를 따로 모아 읽으면 책 전반의 내용을 파악할 수 있다.

오직 트렌디한 것이 살아남는다. / 뉴리테일 시대를 선도하려면 / 전에 없이 새로운 / 환상 그 너머의 / 오직 거기에서만 존재하는, / 취향으로 소통하며 / 기술을 입혀 / 페르소나 공간으로 진화하라.

뉴리테일 시대에 고객은 어떤 공간에서 가슴 설레고, 어떤 장소에 가고 싶어 하는가? 결론부터 말하자면, 타깃 고객들이 '이곳은 나의 공간'이라고 자기 정체성을 투사할 수 있는 확고한 취향을 가진 공간만이 가고 싶다는 열망을 불러일으킬 수 있다. 이런 공간을 '페르소나 공간'이라고 부르고자 한다. 공간을 기반으로 한 전통산업의 미래는 어떻게 '페르소나 공간'으로 진화해나갈 수 있는가에 달려 있다. 이런 맥락에서 보자면, 더현대 서울의 성공은 자기 정체성을 갈망하는 인간의 본성을 건드린 공간 전략의 승리였다.

실로 트렌드의 시대다. 오직 트렌디한 것이 살아남는다. 이제는 나라 경제가 빠르게 성장하고, 매체는 한정돼 있으며, 고객은 균질하던 시대가 아니다. 경제의 수준은 높아졌지만 성장의 속도는 정체하고, 정보를 전달하고 개개인을 표현하는 매체는 자고 일어나면 하나씩 늘고 있으며, 고객은 '3년 차이면 세대 차이를 느낀다'는 말이 과장이 아닐 만큼 이질적으로 변하고 있다. 이런 시기에 성공을 영위하려면 고정관념을 깨고 트렌드 변화를 받아들여야 한다. 그러기 위해서는 시장의 변화와 더불어 자신의 강점과 한계 또한 명확히 인지해야 한다. 큰 맥락을 짚지 못하고 이리저리 유행에 휘둘리다가는 시대의 변화에 휩쓸려나가기 십상이다.

그런 의미에서 이 책은 단지 백화점 혹은 유통업 종사자를 위한 책이 아니다. 물론 대기업 경영을 위한 지침서인 것만도 아니다. 자고 일어나면 세상이 바뀌어 있는, 지금 이 격변의 시대에서 살아남는 지혜에 관한 책이다. 달리 말해 온라인과 오프라인의 구별이 무의미해지는 하이브리드 채널의 시대에 대응해야 하는 모두의 전략에 관한 책이다. 우리는 더현대 서울이라는 렌즈를 통해 '뉴리테일 경제'에서 살아남는 방책을 도출해내고자 했다. 반드시 자본을 갖춘 큰 회사가 아니더라도, 나아가 유통업이 아니더라도, 포스트 코로나 시대에 어떻게 공간을 활용하고, 어떻게 언택트와 컨택트contact의 조화를 도모해야 할 것인가를 고민하는 사람이라면 누구나 찾고 있을 해답을 함께 구해보기로 한 것이다.

필자들은 이론적 검토와 더불어 더현대 서울 프로젝트에 참여했던 현대백화점 팀장급 인사들과 심도 있는 인터뷰를 진행했다. 직접 공간을 만든 건축, 디자인, 인테리어는 물론이고, 새로운 아이템을 기획한 패션, 리빙, 식품 등 영역별 MD와 전략과 기획을 담당한 뉴New MD, 그리고 브랜딩, 문화콘텐츠, 마케팅, 커뮤니케이션에 이르기까지 백화점 운영의 거의 모든 분야를 망라해 실무진을 인터뷰했고, 필요한 자료를 수집했다. 그럼에도 이 책에 나오는 모든 의견과 분석은 현대백화점의 공식적인 입장과는 무관하며, 전적으로 필자들의 학술적인 견해다. 또한 인터뷰와 자료 제공 외에는 현대백화점 측으로부터 어떠한 지원도 받지 않았다.

그럼에도 독자 여러분께 양해를 미리 구하는 것이 좋을 것 같다. 가능한 한 객관적인 분석을 진행하고자 노력했지만, 현대백화점에 호의적인 서술이 많아질 수밖에 없었음을 인정한다. 사실 공간의 경험성을 강조하는 최근 유통업의 큰 흐름이 더현대 서울만의 전유물은 아니다. 신세계그룹이 '여주 프리미엄 아웃렛'이나 '스타필드' 쇼핑몰을 론칭하며 소매공간의 유희성에 오랫동안 주목해왔고, 최근에는 대전 신세계 '아트앤사이언스'에서 한층 진화한 모습을 보여준 바 있다. 롯데그룹 역시 '타임빌라스'나 '제타플렉스'처럼 아웃렛과 마트에서도 변화하는 공간의 가능성을 보여주고 있다. 이러한 흐름 속에서도 더현대 서울은 상권과 건축적 제약을 극복하고, 최근 시장의 화두인 MZ세대에 세밀하게 집중해 의외의 성공을 거둠으로써, 본서가 제안하고자 하는 '페르소나 공간' 개념에 가장 가까이 다가선 사례라고 판단했다. 『논어』에 "세 사람이 길을 가면 반드시 선생으로 삼을 만한 이가 있다三人行必有我師"라는 말이 있다. 어떻게든 우리가 배울 점이 있다면 찾아내야 한다는 심정으로 인터뷰와 분석에 임한 결과로 이해해주시면 좋겠다.

개인적으로 학생 때부터 공간, 건축에 관심이 많았다. 이과 친구는 별로 없었는데 유독 건축을 전공한 지인이 많았고, 아내도 건축을 전공했다. 여행을 가면 해당 지역의 랜드마크 건축물을 미리 공부하고 답사하려고 노력했다. 유현준, 서현 교수 등의 글과 책을 꼭 찾아서 읽으며, 유명한 건축가들의 작품집을 잡지처럼 뒤적이곤 했다. 그래서인지 어려운 주제의 책을 선뜻 써보겠다고 용기를 냈던 것 같다. 부족한 시간을 쪼개 새로 공부를 많이 했다. 지난 25년간 스무 권 가까운 전공 책을 썼지만, 이번에 가장 혼신을 기울여 집필에 임했다. 다소 미흡한 부분이 있더라도 독자 여러분의 너그러운 양해를 구한다.

책이 나오기까지 많은 분의 도움을 받았다. 책의 출간을 허락하고 배려해주신 현대백화점그룹 정지선 회장님과 정교선 부회장님, 현대백화점 김형종 사장님께 먼저 감사의 말씀을 드린다. 아울러 인터뷰를 통해 치열했던 경험을 생생하게 들려준 김강진, 김도윤, 김형진, 노희석, 박이랑, 박종희, 박진한, 박재성, 박채훈, 이동영, 이석원, 이해찬, 이희석, 장경수, 장우석, 정중용, 정의정, 정용철 팀장님(가나다순)께도 감사한다. 특히 정용철 팀장님은 번거로운 과정을 기꺼이 조정해주셨다. 관련된 이론과 사례 자료를 수집해준 서울대 소비자학과 석사과정 전다현, 엄청난 분량의 인터뷰를 꼼꼼히 녹취해준 송새나 속기사님, 녹취록을 반듯한 문장으로 만들어주신 박은영 실장님의 도움에도 깊이 감사한다. 집필이 순조롭게 진행될 수 있도록 격려해주신 현대L&C 김관수 대표님, 현대백화점 김준영 상무님, 서울대 정철영 교수님께도 감사의 말씀을 드린다. 마지막으로 책을 기획하고 출간을 맡아주신 다산북스의 김선식 대표님, 박현미 팀장님, 차혜린 과장님에게도 고마운 마음을 전한다.

2022년 2월
저자들을 대표하여 김난도

"오직 트렌디한 것이 살아남는다.

뉴리테일 시대를 선도하려면

전에 없이 새로운

환상 그 너머의

오직 거기에서만 존재하는,

취향으로 소통하며

기술을 입혀

'페르소나 공간'으로 진화하라"

차례

PART 3 　머천다이징: 오직 거기에서만

프롤로그

뉴리테일 시대가 온다

어떻게 하면 사람들이
몰려드는 공간을 만들 수 있을까?

이것은 영리를 목적으로 하는 공간의 오랜 숙명 같은 질문이다. 예전부터 쉬운 일은 아니었다. 멀지 않은 과거에는 사람들을 불러 모으기 위해 깃발을 펄럭이고 풍악을 울렸으며 광대들이 춤을 췄다. 현대사회의 고객들은 비대면을 선호한다. 편리함을 가치의 우선에 두기 때문이다. 하물며 코로나19발 팬데믹이 2년 이상 발길을 붙잡는 이 새로운 시대에는 더욱 어려운 질문이 되었다. 서문에서 언급한 바와 같이 실제와 가상이 뒤섞이며 비즈니스의 패러다임이 송두리째 흔들리는 뉴리테일 시대에 '어떻게 사람을 불러 모으는 공간을 만들 것인가?'라는 질문은, 광활한 대지에 자리 잡은 테마파크에서

조그만 동네 카페에 이르기까지, 공간에 기반을 둔 사업을 하는 경영자라면 누구나 고민하는 주제다.

사업이란 사랑과 비슷하다. 정의하기보다는 경험하는 것이다. 공간의 미래를 찾기 위해서는 머릿속으로 계산하는 것보다 좋은 사례를 찾는 것이 빠르다. 그렇다면 어떤 산업에서 사례를 찾는 것이 좋을까?

역시 유통산업이다. 유통은 전통적으로 공간 의존도가 높았는데, 현재 온라인화가 가장 빨리 이뤄지고 있는 영역이다. 디지털 대전환 시대의 영향을 가장 강하게 받고, 도전이 큰 만큼 대응도 빨라 다양한 사례를 찾을 수 있는 산업이다.

또한 유통은 제조, 판매, 서비스, 위락 요소가 어우러진 종합적 업태다. 공간 기획에서 상품 매입, 마케팅, 광고에 이르기까지 전방에는 고객, 후방에는 제조사를 매개하는 기능을 두루 수행한다. 외식, 패션, 금융, 서비스 등 다양한 산업에 적용할 만한 시사점을 두루 뽑아낼 수 있다. 유통 분야에서 공간의 가능성을 발견한다면 유통만이 아니라, 뉴리테일 시대에 생존과 성장을 고민하는 거의 모든 공간 비즈니스에 적용 가능한 풍부한 인사이트를 얻을 수 있다.

특히 백화점은 '유통산업의 꽃'이라고 부를 만하다. 단지 화려하기 때문만은 아니다. 생필품이 아니라 없어도 살 수 있는 기호품과 사치품을 주로 다루기 때문에, 고객의 필요를 넘어서는 소비 욕망을 정면으로 건드린다. 백화점은 오래전부터 상품, 돈, 인간이라는 삼위일체의 혈액이 백화점이라는 체내를 끊임없이 순환할 수 있는 동선을 설계했다. 백화점은 유통의 역사 내내 욕망이 살아나고, 가슴이 설레며, 꼭 가고 싶은 공간으로 100년 넘게 자리해왔다. 인간 본성을 건들며 공간 전략을 고안해온 백화점의 과거, 현재, 미래를 학습할 수 있다면 분명 유용한 시사점을 얻어낼 것이다.

본격적으로 사례분석을 시작하기 전에 프롤로그에서 백화점 산업의 역사적·이론적 맥락을 살펴보고자 한다. 백화점이라는 업태가 처음 등장한 이후 어떠한 도전을 받았고, 어떻게 대응하고 있는지를 정반합正反合을 중심에 둔 변증법에 근거해 설명하고, 변증법적 발전의 맥락 속에서 뉴리테일 시대에 사람을 불러 모으는 공간은 어떤 특성을 가져야 하는지를 '페르소나' 개념을 원용해 제시하고자 한다.

자, 리테일 아포칼립스와 코로나19 팬데믹이 무겁게 공간산업의 목을 짓누르던 2021년 초, 백화점 상권의 오지奧地라고 할 수 있는 여의도에 문을 연 더현대 서울의 이야기부터 시작해보자.

01 백화점의 무덤, MZ세대 쇼핑의 성지가 되다

2015년 여의도, 백화점의 무덤

여의도는 소위 '백화점의 무덤'이라고 불렸다. 1983년 12월, 7500평이라는 대형 규모로 문화센터, 화랑, 전시관 등을 설비한 '여의도백화점'이 문을 열었으나 개점 후 2년도 되지 않아 부도를 맞았다. 여의도백화점은 현재 여의도 사람들에게 '여백'으로 불리며, 지하 식당가 맛집이 유명한 지역 쇼핑센터로 명맥을 이어가고 있다. 여의도에는 1985년 완공되어 한동안 서울, 나아가 대한민국의 랜드마크로 명성을 떨친 '63빌딩'도 있다. 갤러리아백화점을 보유한 한화그룹이 최상층의 전망대를 비롯해 아쿠아리움, 갤러리, 레스토랑 등으로 구성된 복합문화공간 '63스퀘어'를 운영 중이지만, 이곳에도 백화점이 들어오지는 않았다.

이는 여의도의 지역적인 특성 때문이다. 여의도는 백화점이 들어설 만한 상권이 아니다. 여의도는 섬이다. 다리를 통해야만 진입과 출입을 할 수 있다. 그나마 땅의 3분의 1가량을 국회와 공원녹지가 차지하고 있다. 시위나 행사가 있으면 일대의 교통이 마비되기 일쑤다. 이러한 한계는 태생적이다. 이전에 비행장으로 쓰던 땅을 본격적으로 개발한 것이 1971년이다. 당시 ▲정치 권역 ▲방송·종교 권역 ▲금융·상업권역 ▲주거권역 ▲공원·녹지 권역으로 명확하게 영역을 구분해 도시를 조성했다. 쾌적한 계획도시지만, 상주인구가 적어 백화점이 들어설 만한 '상권'으로 발달하기에는 불리한 조건을 가지고 있다.[1]

서울시와 KT가 휴대전화 신호를 바탕으로 집계하는 한 시간 단위 세부지역별 실제 인구 데이터를 보면, 2018년 기준 여의도의 생활인구는 오전 7시경 유입되어 오후 1시경에 가장 많다가 이후 감소하는 전형적인 업무 지역의 특성을 보인다. 오후 1시에는 14만 3000명으로 여의도 주민등록인구 3만 3000명의 네 배 이상을 기록하다가 밤에는 4만 7000명으로 수치가 뚝 떨어진다. 평일과 주말의 유동인구 차이도 크다. 토요일 유동인구는 평일의 절반, 일요일은 그 이하다.[2] 이것은 백화점 운영에 치명적인 약점이다. 백화점 매출의 주중과 주말 비율은 '46 대 54' 정도다. 이를 하루 평균으로 보면, 주말이 평일의 두 배 넘는 매출을 올리는데, 그 매출을 포기해야 하는 것이다.

1차 상권뿐만 아니라 배후상권도 녹록지 못한 편이다. 여의도 인

여의도 금융지구와 여의도공원 전경

근으로는 영등포와 신촌 상권이 있는데, 해당 지역에 이미 백화점이 있고, 인구 연령대가 낮은 지역이라 구매력이 낮은 편이며, 대교를 통해 건너가야 하기에 진입이 원활하지 않다. 여의도역을 지나는 지하철 5호선과 9호선은 서울의 핵심지역을 우회하는데, 그나마 9호선 3단계 개통이 완료된 것이 비교적 최근인 2018년이다. 이런 조건 탓에 오랫동안 여의도에는 백화점이나 대형 쇼핑몰이 들어서지 못했다. 주민들은 "한양아파트 살면 한양상가에 가고, 대교아파트에 살면 대교 상가로 가는" 식으로 쇼핑했다고 말한다.[3]

더현대 서울이 들어선 부지의 상황은 더 열악했다. 인근의 MBC 사옥은 상암으로 이전했고, 토지는 소유주 간의 분쟁 탓에 건축공사가 중단된 채로 오랫동안 방치된 땅이었다. 그나마 건축물의 기본골격이 쇼핑몰shopping mall 용도로 지어진 탓에 대형 기둥과 빈 곳이 많아 백화점 영업에 비효율적이었다. 전체 면적이 매우 넓었지만, 실제 매장으로 사용 가능한 면적은 현대백화점 판교점의 70퍼센트에 불과하고, 지하주차장으로 연결되는 에스컬레이터도 없었다.

더구나 바로 옆에 강력한 경쟁자가 있었다. 바로 2012년 개장한 대형 쇼핑센터 'IFC몰'이다. IFC몰은 1조 5000억 원을 투입해 38층 규모의 콘래드 호텔, 그리고 업무시설과 함께 조성되었다. 세계적 수준의 건축디자인과 친환경기술이 도입되어 한국건축상과 서울건축상을 수상한 멋진 공간이다. 지하 세 개 층으로 구성된 IFC몰은 대형 복합상영관 CGV, 대형 서점 영풍문고, 자라와 유니클로 같은 글로벌 SPA(한 회사가 의류의 기획, 디자인, 생산, 유통, 판매 등 전 과정을 관리하는 방식) 브랜드, 코스와 앤아더스토리즈 같은 프리미엄 SPA, 다양한 맛집을 유치한 식당가 등 여의도, 나아가 서울 서부지역의 쇼핑 랜드마크가 되기에 손색이 없다. 까다롭기로 소문난 애플도 대한민국 2호점 공식 스토어를 IFC에 유치했다.

단지 상권 중복이 주요 문제가 아니었다. 백화점을 운영하기 위해서는 집객에 효과적인 멀티플렉스 극장, 대형 서점, 주요 SPA 등을 확보해 함께 문을 열어야 하는데, 바로 옆 건물에 이 모든 시설이 있어 유치가 어려웠다. 위치도 문제였다. 지하철 5, 9호선이 겹치는 여의도역 바로 옆에 IFC몰이 있는데, 더현대 서울까지 오려면 IFC몰을 지나야 한다(여의도역에서 IFC몰까지 250미터고, IFC몰에서 더현대 서울까지의 거리는 218미터다. 더현대 서울에 오려면 여의도역부터 약 500미터를 걸어야 한다). 무빙워크의 도움을 받는다고 해도 500미터는 쇼핑객이 걷기에는 상당한 거리다.

신규 백화점이 들어서기에 불리한 입지라는 것을 모두 알고 있었다. 경쟁 백화점들도 출점하지 않는 것이 합리적이라고 결론지었다. 현대백화점 출점이 결정된 후에도 까다롭기로 유명한 유럽의 명품 브랜드는 물론이고, 현대백화점과 오랜 관계를 맺어온 주요 브랜드들도 모두 여의도에 입점하기를 망설였다고 한다. 이는 사실 합리적인 결정이다. 전통적인 상권분석 방법론에 따르면, 상권 경쟁력은 위치, 접근성, 소비인구, 주변 근린시설 등의 조건으로 평가된다.[4] 네가지 조건을 하나의 변수로 표현하면 그것이 바로 입지다. 또한 소매업의 경쟁력을 '입지'와 '규모'로 설명하는 '소매인력모형'에 따르면, 두 도시 사이에 위치하는 주거지역에 두 도시의 상권이 미치는 범위는 각 도시의 '인구'에 비례하고 각 도시로부터 '거리'의 제곱에 반비례한다고 한다.[5] 다시 말해 입지에는 '제곱'의 가중치가 붙는다. 상업공간은 첫째도 입지, 둘째도 입지다. 이 불모의 입지에 주요 브랜드마저 유치하지 못한다면, 어떤 백화점이 개점할 수 있겠는가?

더구나 더현대 서울의 설립을 결정하던 2015년은 유통의 격변이 시작된 시기였다. 2015년에 나온 「모든 것의 아마존화The Amazonization of Everything」라는 논문이 눈길을 끈다.[6] 급격하게 사세를 확장하는 온라인 쇼핑업체 아마존이 오프라인 유통은 물론, 다른 산업과 노동과 소비자 프라이버시에 큰 위협이 되고 있다는 내용의 논문이다. 아마존 같은 전자상거래 회사가 오프라인 유통을 파괴하는 현상이 아예 '아마존화amzonize'라는 단어로 명명되던 시절이었다. 실제로 미국의 JC페니, 니먼마커스, 일본의 미쓰코시, 이세탄 등 전통적인 유명 백화점들이 하나둘 문을 닫거나 구조조정을 해야 했다. 당시 유통 트렌드에 조금만 관심이 있으면 슈퍼, 쇼핑센터, 백화점처럼 매장을 운영해야 하는 오프라인 소매업의 미래가 그리 밝지 않다는 사실을 누구나 인지할 수 있었다. 한마디로 백화점 '업'의 미래 자체에 대한 부정론이 압도하던 시기였다.

회의적인 전망이 팽배하던 시기, 백화점이 들어서기 어려운, 아니 입점해서는 안 될 조건으로 가득한 곳에 현대백화점그룹은 백화점을 내기로 한다. 당시 현대백화점 내부에서도 찬반양론이 대립했다고 한다. 전술한 여러 위험 요인에 대한 우려가 우세했지만 그래도 "해볼 만하다"라는 의욕이 공존하는 가운데, 최종 의사결정권자인 최고경영진은 결단을 내렸다. 최종 승인 단계에서 정지선 회장은 이 한 마디로 논란을 정리했다.

"우리 젊은 직원들이 도전할 기회의 장을 만들어봅시다."

2021년 여의도, 서울의 쇼핑 랜드마크

2021년 2월 26일, 더현대 서울이 문을 열었다. '현대백화점 여의도점'이 아니라 '더현대 서울'이라는 다소 생소한 이름으로 손님을 맞았다. 2021년 초는 팬데믹으로 소비심리는 극도로 움츠러들고, 사회적 거리두기가 연일 강화되어 사람이 많은 곳은 모두 피하던 시기였다. 오픈을 알리는 대대적 홍보가 무색할 정도로 방문객이 몰리면 곤란한 상황으로, 요컨대 '그랜드 오픈'이 무색한 최악의 시점이었다.

하지만 개점 당시 고객의 반응은 폭발적이었다. 여의도의 명물인 벚꽃축제 때보다 더 많은 사람이 몰려들었다. 방역 당국이 긴장할 정도였다. 교통유발부담금만 약 19억 5000만 원으로, 단연 백화점 1위였다. 자체 보도자료에 따르면, 개점 초기 매일 평균 4만 명이 방문하며 하루 매출 100억 원, 개점 100일간 매출 2500억 원을 기록했다. 개점 첫 주에만 150만 명, 열흘 만에 200만 명 이상이 방문하며 매출 목표 대비 170퍼센트의 수익을 올렸다.

고객들의 자발적 반응이 특히 뜨거웠다. SNS에 하루 3000건의 게시물이 올라왔다. 특히 주목할 것은 원거리 매출 비중이 76퍼센트

'더현대 서울' 개요

개관	2021. 2. 26.	코로나 사회적 거리두기 4단계 시기
소재	서울 영등포구 여의대로 108	여의도역·여의나루역에서 각각 도보 500미터
규모	영업 면적 2만 7000평 (총면적 5만 8640평, 지하 7층~지상 8층)	• 영업 면적 기준 서울 최대 규모(전국 3위) • 국내 최대 규모 식품관(4483평) • 업계 최대 규모 조경(3400평) • 업계 최대 규모 문화 공간(350평)
설계		• 기본설계: 리처드 로저스Richard Rogers 경 • 지하 2층: 비트윈Betwin • 지하 1층 식품관: 계선 • 1층 메인 공간: 시엠케이CMK • 2-4층 이너존: 버디필렉Burdifilek • 5층 사운즈 포레스트: 마이 알레My Allee • 6층 다이닝존/와인웍스: 시나토Sinato • 전 층 아우터존: 캘리슨 알티케이엘Callison RTKL • VIP 라운지: 라보토리Labotory • Young VIP 라운지: 하이메 아욘Jaime Hayon
주요 공간		• 사운즈 포레스트Sounds Forest: 약 1000평의 대규모 실내 정원(5층) • 워터폴 가든Waterfall Garden: 약 12미터와 6미터의 인공폭포(1층) • 크리에이티브 그라운드Creative Ground: MZ세대 전문관(아르켓, BGZT, 나이 스웨더 등)(지하 2층) • 스튜디오 쁘띠STUDIO PETIT: 어린이 전문관(5층) • 컬처하우스 1985CH 1985: MZ세대 커뮤니티 플랫폼(1985년 업계 최초로 문을 연 압구정 본점 문화센터의 새로운 시도)(6층) • 알트원ALT.1: 전시 등 복합문화공간(6층) • 언커먼스토어Uncommon Store: 자동 결제 무인스토어(6층) • 와이피 하우스YP HAUS: MZ세대 전용 Young VIP 라운지(지하 2층)

에 이르렀다는 점이다. 경기 지역 고객이 26퍼센트, 대구·부산 등의 지역 고객은 50퍼센트에 이르렀다. 팬데믹 영향으로 외국인 고객은 전혀 받지 못했으나 더현대 '서울'이라는 이름이 가진 포부 그대로, 서울에 오면 한 번은 들러야 하는 쇼핑의 랜드마크로 자리하게 되었다.

국제적인 인정도 잇따랐다. 전 세계 힙스터의 대표 매체로 자부하는 라이프스타일 매거진《모노클Monocle》은 '모노클 탑 50 디자인 어워드'에서 '올해의 최고 소매디자인Best Retail Design of the Year'으로 더현대 서울을 선정했다. 호평에 인색한 일본 언론도 관심을 기울였다. 매년 트렌드 상품을 선정하는 것으로 유명한 일본의 대표 경제전문지《닛케이MJ日經MJ》는 더현대 서울의 성공을 대대적으로 보도했는데, 그 제목이 의미심장하다.

"한국백화점다움을 버리다"[7]

더현대 서울의 성공 요인으로 '기존의 한국백화점답지 않은 공간'을 주로 꼽는다. 실제로 방문하면, 5층 거의 전체를 차지하는 1000평 규모의 정원 '사운즈 포레스트Sounds Forest'를 비롯해 지상 3층에서 1층까지 12미터 높이에서 떨어지는 인공폭포, 지상 2층에서 1층까지 떨어지는 6미터 인공폭포가 시선을 압도한다. 압도적인 스케일의 자연물을 그대로 옮겨놓은 듯한 실내정원과 폭포가 더현대 서울의 상징처럼 자리 잡고 있다. 공간설계뿐만 아니라, 매장을 구성하는 여러 요소와 콘셉트도 전통적인 백화점과는 달랐다.

아래 표를 보면, 전통적인 백화점의 여러 구성요소를 단지 명칭만 바꾸지 않고, 완전히 새롭게 접근하고 있음을 알 수 있다. 구체적으로 무엇이 어떻게 다른지 이제부터 자세히 설명하겠다.

더현대 서울과 전통적인 백화점의 비교

전통적인 백화점	더현대 서울
문화센터: 40~50대 교육, 유아 동반	CH 1985: MZ세대 소통 플랫폼
문화홀: 초청고객 대상 무대 공연장	ALT.1: 전시 등 복합문화공간
하늘정원: 옥상 휴게공간	사운즈 포레스트: 자연 및 콘텐츠 공간
유아 휴게실: 기본 유아 서비스	쁘띠 라운지: 플레이월 등 콘셉트형 라운지
안내 데스크: 대면 안내	스마트 안내 로봇: 비대면 안내
박스형 매장: 브랜드별 매장 분리	아일랜드 매장: 이너존(편집숍)
일반 결제	비대면 결제, 스마트오더
백화점 통합 웹사이트	더현대 서울 단독 마이크로 웹사이트

02 공간의 변증법, 쇼핑의 이분법을 뛰어넘다

소매공간의 죽음을 이야기하는 시대에, 황무지 같은 상권에서, 엄중한 코로나19 악재에도 불구하고, 신생 백화점이 큰 성공을 거뒀다는 것은 무엇을 의미하는가? 이것은 단지 한 백화점의 성공사례가 아니다. 서문에서 "벽돌과 회반죽"으로 표현한 전통적인 실제 공간이 오늘날과 같은 트렌드 격변의 시대에 어떻게 살아남고, 또 성장해야 하는지를 보여주는 하나의 희망이자 길잡이다.

언택트 문화의 확산으로 오프라인 소매는 몰락할 것이라거나 혹은 반대로, 팬데믹만 끝나면 오프라인 쇼핑의 대반격이 시작될 것이라는 식의 이분법적 dichotomy 사고는 위험하다. 고객 관점에서 보면 어리석기 짝이 없는 질문이다. 온라인이든 오프라인이든, 고객은 더 즐겁고 더 편리한 경험을 주는 쇼핑 방법을 그때그때 사용할 뿐이다. 예를 들어, 더현대 서울 답사 중에 한 청년이 쇼핑백을 발밑에 두고 카페에서 쉬는 모습을 본 적이 있다. 앉아서도 스마트폰에서 눈을 떼지 못하고 인스타그램 피드를 빠르게 넘기다가, 순간 마음에 드는 상품을 찾았는지 씨익 웃으며 구매 버튼을 눌렀다. 오프라인 백화점에서 물건을 사다가 온라인 쇼핑도 하는 이 청년은 온라인 구매자인가, 오프라인 구매자인가?

상품을 구매할 수 있는 경로 또는 플랫폼을 '채널'이라고 표현하는데, 이제 상품 구매 채널은 무궁무진하다. 유튜브·인스타그램·틱톡 등에서 활동하는 각종 SNS 인플루언서들에게서 구매하기도 하고, 제3의 채널인 TV홈쇼핑, 라이브방송도 건재하다. '슬세권(슬리퍼를 신고 갈 수 있는 근거리 세권을 일컫는 신조어)' 경제의 핵이라고 할 수 있는 편의점도 나날이 성장하고 있으며, 마트와 전통시장도 전성기보다 위축되기는 했지만 재기의 활로를 적극적으로 모색하고 있다. 최근에는 가상현실Virtual Reality, VR을 기반으로 한 메타버스에도 쇼핑 기능이 장착되고 있다. 이처럼 구매 채널이 다양해지는 '채널 폭발' 시대에 전통적인 오프라인 채널과 첨단 리테일테크로 무장한 온라인, 가상현실 채널이 복잡다단하게 혼종화되는 경향을 '하이브리드 채널 현상'이라고 부를 수 있다.

더구나 소비는 한 번의 행동이 아니라 일련의 과정이다. 예컨대 새 모자를 산다고 하면, ▲"새 모자를 하나 마련해야겠구나" 하는 '필요의 인식' ▲"요즘엔 어떤 스타일이 나와 있나?" 하는 '정보의 탐색' ▲"이것과 저것 중에 무엇이 좋을까?" 하는 '대안의 비교와 평가' ▲실제로 구매를 실행하는 '구매' ▲문제가 있을 때 반품, 환불,

AS 신청 등을 요청하는 '구매 후 행동' 등 여러 단계를 거쳐 새 모자를 사게 된다. 문제는 각 단계를 거치며 여러 채널을 오간다는 것이다. 페이스북에서 예쁜 모자를 쓴 친구를 보고 모자를 사기로 마음먹은 후(필요의 인식), 유튜브에서 요즘 모자 트렌드를 파악하고(정보의 탐색), 백화점에 나가 이것저것 비교하며 실제로 써본 후(대안의 비교와 평가), 인터넷 쇼핑몰에서 최저가로 사는(구매) 식이다.

이러한 변화는 소비 행태에 큰 변화를 가져왔다. 예전처럼 단일한 채널(예컨대 백화점)에서 구매하는 경우에는 대안을 계속 줄여나가며 하나의 상품을 구매하기 때문에 구매과정을 '깔때기funnel'라고 불렀다. 하지만 요즘에는 실제 구매하기까지 다양한 채널을 오가기 때문에 '여정journey'이라고 한다. 이처럼 구매 채널이 다양해지고 고객 여정이 복잡해지는 '채널 폭발'의 시대에 단순하게 온라인이냐, 오프라인이냐를 묻는 것은 많은 것을 놓치게 만든다. 다양한 채널들이 어떻게 섞이고 결합할 때 가장 큰 시너지를 낼 것인지에 대한 깊은 고민이 필요하다. 그렇다면 다음과 같은 질문을 던질 수 있다.

채널 간 혼종화가 심화하는 하이브리드 채널 현상은 시장을 어떻게 바꿀 것인가? 공간 기반 비즈니스는 어떻게 대응해나가야 하는가?

언택트가 자연스러운 생활방식으로 자리 잡은 시장 환경에서는 '오프라인과 온라인의 경험이 매끄럽게 연결되는가'가 핵심 과제로 떠오르는데, 이러한 핵심 과제가 대두되는 시대를 '뉴리테일 시대'라고 부르고자 한다. 뉴리테일은 기존의 옴니채널omni-channel이나 전술한 하이브리드 채널을 포괄하는 상위 개념이다. 옴니채널과 하이브리드 채널이 채널 간의 선택적 관계에 관한 것이라면, 뉴리테일 시대는 여러 채널이 만들어내는 기대, 역할, 트렌드에 관한 논의를 포괄한다.

지금까지 그랬던 것처럼 앞으로도 온라인과 오프라인 유통은 고객과 시장의 트렌드 변화에 대응하며 진화할 것이다. 온라인은 어떻게 하면 더 효율적인 디지털, 언택트 쇼핑경험을 줄 수 있을지를 고민하면서 오프라인 공간 진출을 모색할 것이고, 오프라인은 어떻게 하면 더 설레고 직접 가고 싶은 공간을 만들 수 있을 것인가를 고민하면서 디지털 매체의 기술적 활용을 모색할 것이다. 뉴리테일 시대를 맞는 비즈니스는 새로운 시장의 문법에 걸맞은 재미와 경험을 줄 전략을 어떻게든 마련해야 한다. 문제는 바로 '어떻게'다.

'소비자들이 열망하는 재미와 경험을 선사할 뉴리테일 시대의 상업공간에는 무엇이 필요한가?' 이에 대한 대답은 이 책의 집필 동기인 '왜 더현대 서울인가?'에 대한 대답을 겸한다. 더현대 서울의 성공 요인을 벤치마킹하는 것이 자연스럽게 '재미와 경험을 주는 공간'에 대한 전략적 디테일을 가져다줄 것이기 때문이다.

그 본격적인 대답을 위해서는 상업공간의 역사부터 살펴보아야 한다. 시간을 거슬러 올라 근대 유통, 특히 백화점의 발원지를 살펴보는 작업은 근현대 유통산업이 구사하는 공간, 전시, 마케팅, 영업 전략을 폭넓은 시각에서 조망하게 해줄 것이다. 뉴리테일 시대에 대처할 공간 전략을 살펴보기 위해 '정^正·반^反·합^合'이라는 변증법적 삼단논법 틀로 논의를 전개하고자 한다. 다시 말해, 프랑스 파리에서 1852년 문을 연 '봉 마르셰$^{Au\ Bon\ Marche}$' 백화점 이후 자리 잡은 오프라인 유통의 성장을 '정^{these}'으로, 21세기 이후 아마존으로 상징되는 온라인 유통의 팽창과 오프라인 유통의 위축을 '반^{antithese}'으로 살펴본 후, 향후 뉴리테일 시대의 미래 유통의 전개 방향을 '합^{synthese}'으로 제시하려 한다. 이야기의 시작은 1850년대로 거슬러 올라간다.

정^正: 봉 마르셰, 현대 소비문화의 탄생

1800년대 파리는 '19세기의 수도'라고 불릴 만큼 현대적인 도시였다. 미로와 같은 좁은 골목과 빈민촌을 없애 대로를 건설하고, 상하수도와 공원을 정비하는 등 현대 도시의 기반을 고루 갖추고 있었다. 소비문화의 측면에서 보면 19세기는 생산에서 소비로, 사용가치에서 교환가치로 사고체계가 바뀌는 대전환의 시기이기도 했다.[8] 1852년 세계 최초의 백화점으로 여겨지는 봉 마르셰가 개점했는데, 이 혁신적인 유통의 새로운 성지는 지금까지도 통용되는 경영전략을 총동원한 근현대 백화점의 원형으로 자리하고 있다.

노르망디에서 태어나 파리의 '마가쟁 드 누보테(magasins de nouveautés, 유행품점)'의 무급점원으로 시작한 아리스티드 부시코$^{Aristide\ Boucicaut}$는 파리에 자기 가게를 내면서 당시의 유통 관행을 모두 뒤집었다. 이전까지는 구매할 것이 아니면 가게에 들어가서는 안 되고, 일단 들어가면 무엇이든 물건을 사야 했다. 그것도 점원과의 지루한 흥정을 벌인 끝에 말이다. 부시코는 사람들의 이목을 끌기 위해 '귀여운 악마'나 '예술가의 다락방'처럼 의표를 찌르는 상호를 짓고, 통유리를 써서 가게 안이 훤히 보이게 한 뒤, 누구나 들어와 가게를 구경할 수 있도록 했다. 판매원이 고객과 일정한 거리를 두어 물건을 사지 않고 그냥 나갈 수 있게 한 것은 물론이다. 새로운 전략으로 작은 점포를 잇달아 성공시킨 부시코는 이후 독립해 세계 최초의 현대적 개념의 백화점으로 알려진 봉 마르셰를 일궈냈다.[9]

『나는 고발한다』로 유명한 프랑스의 사실주의 작가 에밀 졸라 Emile Zola가 1883년, 봉 마르셰를 모델로 한 『여인들의 행복백화점』이라는 장편소설을 발표했는데, 여기 등장하는 백화점의 경영전략과 소비자들의 욕망은 약 140년이 지난 지금도 손에 잡힐 듯이 생생하다.[10] 백화점의 외관을 화려하게 꾸미고 진열창에 눈부신 조명을 더함으로써 "폐쇄된 공간을 호사스럽게 개방해" 안으로 들어가고 싶다는 갈망을 극대화했다. 안과 밖에 다양하고 진기한 볼거리를 제공함으로써 백화점 자체를 하나의 '스펙터클'로 만든 것이다. 넘치는 물건들이 하나의 스펙터클이 되고, 그러한 스펙터클이 '시각적 쾌락'에 열광해 운집하는 군중을 양산했다.[11]

고객의 방향감각을 교란하기 위해 매장의 배치를 재구성하고, 예술적이고 파격적인 진열을 통해 이곳이 '꿈의 궁전'이라는 느낌이 들게 했다.[12] "정중하고 세심한 배려로 고객들을 취하게 만든 다음 욕구를 부추겨 한껏 달아오른 욕망을 충족하게" 만들었으며, 비수기

ANNEXE-AMEUBLEMENT

당대인들에게 새로운 라이프스타일을 제안했던 봉 마르셰(상)와
궁전을 연상하게 하는 화려한 내부(하)

에는 엑스포지시옹·exposition이라는 전람회를 열어 손님이 끊이지 않게 했다. 박리다매와 염가 판매는 부시코가 만들어낸 백화점의 가장 혁신적인 유혹의 기술이다.[13] 고객은 이 기회를 놓쳐서는 안 된다는 조바심을 느끼며 물건을 구매했고, 재고를 가능한 한 빨리 처분해 새롭고 트렌디한 상품으로 채울 수 있었다. "많이 팔기 위해서 싸게 팔아야 하고, 싸게 팔기 위해서는 많이 팔아야 한다"라는 그의 판매전략은 자본주의 경제의 본질을 정확히 꿰뚫고 있다.[14] 심지어 반품제도도 이때 고안했다. "자신의 미친 짓을 번복할 기회"를 줌으로써 마음 놓고 물건을 구매할 수 있는 심리적 위안을 부여했다. 1872년 새로 오픈한 봉 마르셰 신관에는 독서실과 클래식 콘서트를 위한 큰 홀을 비롯해 루브르박물관급의 장대한 갤러리까지 설치했다. 이는 오늘날 문화마케팅의 원형을 보여준다.[15]

백화점은 성당이자 학교였다. 봉 마르셰는 사람들을 끌어모으며 흡사 새로운 종교처럼 대중의 영혼을 잠식했고, 과거 신앙이 채워주었던 갈망을 충족시켜주는 "현대 상업의 대성당"이었다.[16] 나아가 백화점은 유혹적인 그림이 실린 광고를 통해 중상층 계급의 라이프스타일을 제안하고 가르치는 '학교' 역할까지 했다. 이는 부르주아적인 라이프스타일을 모방하게 하며 '필요'에 의한 소비가 아닌 '욕구 충족을 위한 대중 소비'를 탄생시켰다. 매번 새롭게 선보이는 '취향'과 '유행'을 재생산함으로써, "필요 없더라도 욕망 때문에 산다는 자본주의 고유의 특성이 발동"될 수 있게 했다. 공급이 수요에 부응한 것이 아니라, 수요자의 소비 욕망을 주도적으로 창출해나갔다.[17]

놀랍지 않은가? 1800년대 백화점의 경영전략이 현대의 소비공간에서도 거의 변함없이 사용되고 있다. 마케팅의 기본이라고 하는 제품Product, 가격Price, 판촉Promotion, 유통공간Place이라는 4P가 정확히 구현되고 있다.[18] 백화점은 역사의 산물이다. 이후 근대 유통은 봉마르셰가 다져놓은 터전 위에 차곡차곡 발전의 역사를 쌓아 올렸다.

반反: 리테일 아포칼립스, 소매업의 종언?

1800년대 이후 공간 기반 유통산업은 자본주의가 발달하고 중산층이 늘어나면서 꾸준하고 다양한 성장을 거듭했다. 물론 인터넷이라는 기술이 등장하기 전까지 말이다. 1990년대 인터넷이 널리 퍼지면서 모든 것이 변화하기 시작했다. 가상공간이 등장하며 세계인의 생활 전반이 크게 바뀌기 시작했는데, 소비생활도 예외일 수 없었다. 개인적인 기억을 되살리자면, 인터넷 시대에 변화하는 소비자학 이슈를 포괄하는 교과서 『소비자정보론』을 공저한 것이 2001년이다.[19] 비슷한 시기에 서울대학교 소비자학과에 '소비자정보론'이라는 교과목도 개설했는데, 학생들에게 부과한 기말시험 과제가 '인터넷을 통해 물건 하나 사보기'였다. 이 낯선 과제에 학생들은 당황하기도, 신기해하기도, 재밌어하기도 했다. 그런 시절이 있었다.

그로부터 20년도 채 되지 않아, 모바일로까지 영역을 넓힌 온라인 쇼핑은 승승장구하고 있다. 2019년 미국 온라인 소매판매액은 5980억 달러로 2010년부터 2019년까지 10년 동안 연평균 15퍼센트의 성장률을 기록했다. 전체 소매판매액 중 온라인이 차지하는 비

중을 나타내는 온라인 침투율은 2010년 5.5퍼센트에서 2019년 14.2
퍼센트로 두 배 이상 상승했다.[20] 이러한 전자상거래electronic commerce의
폭발적 증가 현상을 미국의 대표적인 인터넷기업 '아마존'의 이름을
따서 '아마존화Amozonization'라고도 부른다.

아마존화는 필연적으로 실제 공간을 사용하는 소매점포의 축소
를 야기했다. 2017년 이후 미국의 대형 유통기업이 오프라인 매장을
대거 폐점하고, 연방법원에 파산보호를 신청하는 사태가 이어졌다.
패션유통기업인 랄프로렌이 자사의 플래그십 스토어인 뉴욕 맨해튼
5번가 스토어를 폐점하는 것을 필두로, 미국 주요 백화점 브랜드인
JC페니와 메이시스가 수백 개의 오프라인 점포의 문을 닫는 등 미국
오프라인 유통업계의 지각변동이 지속되었다. 2017년 토이저러스를
시작으로, 2018년 백화점 브랜드 시어스, 2019년 포에버21, 2020년
니먼마커스, JC페니, 튜스데이모닝, GNC, 브룩스브라더스 등 다양
한 기업이 미국 연방법원에 파산보호를 신청했다.

미국 경제전문지 《포브스》는 2020년 7월까지 미국에서 1만 3800
개 이상의 오프라인 매장이 폐점했다고 발표했다. S&P글로벌 자
료에 따르면, 미국 유통기업의 파산은 2014년을 기점으로 증가해
2017년 파산한 유통기업의 수는 40개에 달한다. 이후 잠시 주춤하
던 유통기업 파산은 코로나19 팬데믹으로 경영난이 크게 심화하면
서 2020년 다시 높은 수준으로 증가했다. 2020년 12월 16일 기준으
로 파산보호를 신청한 유통기업의 수는 51개인데, 이는 금융위기 직
후인 2010년보다 높은 수준이다.[21]

랄프로렌이 뉴욕 맨해튼 5번가 매장을 폐쇄하겠다고 발표한 날의 매장 풍경

같은 현상이 '백화점 천국'이라는 일본에서도 나타났다. 일본 백화점은 이미 2009년에 총매출액 규모에서 편의점에 뒤처지며 역전현상이 나타났고, 격차는 더욱 커지고 있다. 한때 세계적인 수준을 자랑하던 일본 백화점은 2017년 기준, 전체 소매시장에서 비중이 5퍼센트 미만으로 축소되었고, 유통채널로서의 경쟁력을 잃었다.[22] 소매판매액도 내림세가 본격화되며 2016년 6조 6000억 엔에서 2019년 6조 3000억 엔으로 줄어들었다.

백화점의 폐점 도미노도 계속되었다. 일본에서 폐점한 백화점은 2019년에만 열 곳으로, 이즈쓰야 등 중소 브랜드 백화점은 물론이고, 미쓰코시, 이세탄 같은 대기업 백화점도 문을 닫았다. 320년 역사를 자랑하던 오누마 백화점은 2018년 사모펀드 투자를 통해 경영 정상화에 힘썼으나, 결국 회생에 성공하지 못하고 본점을 포함한 3개 점포를 모두 폐쇄하여 2020년 1월 파산을 신청한 바 있다. 일본의 대표적인 유통그룹인 세븐앤아이홀딩스는 2019년 10월, 강도 높은 구조조정을 강행해 그룹 산하의 사업부에서 약 3000명의 인원을 감축하고, 백화점 사업인 세이부 4개 점포, 대형마트 체인 이토요카도 33개 점포를 폐점하거나 사업구조를 개편하겠다고 발표했다. 이후 일본에서는 백화점 업체 간의 인수합병이 활발하게 이뤄지며 대대적인 구조조정의 홍역을 앓고 있다.[23]

우리나라에서도 쿠팡, G마켓 등 온라인 유통업체 12개사의 매출이 백화점, 대형마트 등 오프라인 유통사 13개사의 매출을 앞섰다는 통계가 나왔다. 산업통상자원부의 2021년 11월 「주요 유통업체 매출 동향」에 따르면, 온라인 부문의 매출은 7조 2000억 원으로 전체의 51.4퍼센트를 차지하며 6조 6400억 원을 기록한 오프라인 매출을 앞섰다. 2016년 조사를 시작한 이후 처음으로 온라인이 오프라인을 앞선 것이다.[24]

상황이 이렇게 전개되자, '리테일 아포칼립스'라는 용어까지 등장했다. 아포칼립스란 '세상의 종말' 혹은 '세계의 파멸'이라는 뜻을 지닌 무시무시한 단어다. 리테일 아포칼립스는 대형 오프라인 유통기업의 위기를 나타내는 신조어로, 오프라인 소매업의 몰락과 종말을 의미하는 단어로 쓰이고 있다. 실로 온라인 유통이 무서운 속도로 승승장구하던 30년이었다.

합合: 뉴리테일 시대, 비즈니스의 미래

리테일 아포칼립스 시대를 맞아 월마트나 샘스클럽 같은 오프라인 유통 대기업들은 온라인 분야를 강화하며 대응에 나섰다. 우리나라에서도 전통적인 유통 강자 신세계그룹이 'SSG', 롯데그룹이 '롯데온'을 론칭하며 온라인을 강화하고 오프라인과의 유기적 연계에 나서고 있다. 정반대의 현상도 함께 나타나고 있다. 온라인 기업 역시 오프라인 유통으로 진출을 모색하고 있다는 말이다. 대표적인 예가 아마존이 미국 최대 유기농 식품 체인 '홀푸드마켓'을 2017년 인수한 것이다. 이러한 현상은 우리나라에서도 활발히 나타나고 있다. 젊은이들의 절대적인 지지를 받는 온라인 패션기업 무신사가 홍대앞에 매장을 열었고, 온라인 판매를 주로 하던 요가 브랜드 젝시믹스, 스트리트패션 브랜드 아크메드라비, 디스이즈네버댓, 커버낫 등이 앞다투어 오프라인 매장을 내고 있다. 심지어 아이들의 돌봄 선생님을 매칭해서 집으로 보내주는 '째깍악어' 앱이 롯데월드타워 등에 돌봄 공간 '째깍섬'을 선보였다.[25]

이처럼 온라인과 오프라인의 경계가 허물어지는 현상을 '파괴적 커머스disruptive commerce'라고 부른다. 이동일 세종대학교 경영학부 교수는 파괴적 커머스란 '제조, 도매, 셀러, 밴더, 리테일, 포털, 물류 업체 등이 각기 자기 영역을 깨고 통합되거나 경계를 넘나들며 새로운 비즈니스를 창출하는 것'이라고 설명한다.[26] 이러한 파괴적 커머스가 등장하는 것은 뉴리테일 시대의 큰 특징 중 하나다.

뉴리테일 시대에 결국 살아남는 것은 온라인일까, 오프라인일까? 일단 이 질문은 잘못된 것이다. 단순하게 온라인이냐, 오프라인이냐를 묻는 것은 우리에게 많은 것을 놓치게 한다. 신선식품 새벽배송 업체 '오아시스마켓'이 흥미로운 사례를 보여준다. 마켓컬리가 시작하고 쓱닷컴이 확장하고 있는 신선식품 시장에서 오아시스마켓이 유일하게 흑자를 내고 있는데, 그 비결은 온라인 새벽배송을 하고 남은 재고를 오프라인에서 저렴하게 판매하는 양손잡이 전략ambidextrous strategy에 있다. 2011년 오프라인 매장에서 출발한 오아시스마켓은 매출실적이 늘어날수록 오프라인 매장도 더 많이 짓고 있다.[27]

사실 온라인 시장의 성장 속도가 무척 빠르다고 할지라도, 전 세계적으로 보면 그 규모가 오프라인에 미치기에는 아직 갈 길이 멀다. 시장조사기관 스태티스타에 따르면, 2020년 전 세계 오프라인 매장 매출은 18조 5000억 달러로 여전히 온라인(4조 달러)의 4.6배에 달한다. 이것은 전체 상품 소비의 17퍼센트 정도로, 앞으로도 상당 기간 온라인 쇼핑의 점유율이 20퍼센트대를 넘기는 어려울 것으로 전망한다.[28]

또 한 가지 주목해야 할 중요한 사실은 온라인과 오프라인 채널이 서로 완전한 제로섬zero-sum은 아니라는 점이다. 김성문, 심교언 박사에 따르면, 온라인 매출 중에는 과거 오프라인 소매점의 매출을 가져온 부분도 있지만, 상당수는 온라인이 촉매가 되어 새롭게 창출된 소비다. 다시 말해서 온·오프라인 채널은 서로 협력적 보완관계를 가진 파트너라는 것이다.[29] 이와 관련해 마누엘 카스텔Manuel Castells은 '재공간화' 개념을 제안한다. 디지털 기술의 발달이 오히려 정보 처리의 공간과 지역적인 집중화를 가속화할 것이라는 가설이다. 디지털 기술로 대체되는 물리적인 공간 자체가 지극히 제한적이라는 것이다.[30]

그렇다면 어떻게 선순환의 파트너십을 만들 수 있을까? 온라인은 필요needs에 기반을 둔 합리적 가격과 편리성에 집중하고, 오프라인은 열망wants에 기반을 둔 경험과 재미를 줄 수 있어야 한다. 이 경험과 재미에 공간 기반 비즈니스의 미래가 달려 있다. 인간은 필요에 의해서만 물품을 구매하는 기계적 존재가 아니다. 매장에 방문해 분위기를 느끼고, 상품을 만지고 입어보며, 그 물성物性을 느끼면서 "쇼핑이란 이런 것이지!"라고 하는 구매의 본질을 느끼고 싶어 한다. 소상공인부터 대기업까지 공간 비즈니스를 수행하는 경영자라면,

이 쇼핑의 본질을 명심해야 한다.

앞서 백화점을 움직이는 기본 문법이 1800년대에 확립되었다는 점을 지적한 바 있다. 군이 19세기부터 논의를 시작한 것은 공간과 소비에 대한 인간의 욕망이 매우 본질적임을 강조하고 싶었기 때문이다. 뉴리테일 시대의 상업공간은 단지 가깝고 저렴하고 편리한 공간에 머물러서는 안 된다. 욕망이 살아나고 가슴이 설레는, 가고 싶은 공간이어야 한다.

그렇다면 어떤 상품이 경험의 갈망을 불러일으킬까? 바로 사치품이다. 그 대표적인 예가 19세기 프랑스 파리의 소비자다. '사치'를 뜻하는 '럭셔리luxury'는 '필요하지 않은' 혹은 '초과, 잉여'라는 의미를 포함한다.[31] 생필품이 생존의 도구라면, 사치품은 갈망에 근거한다. 생필품을 주로 판매하는 '마트'가 사치품을 주로 판매하는 백화점보다 리테일 아포칼립스 시대의 영향을 훨씬 더 심각하게 받은 것은 이러한 맥락에서 이해할 수 있다. 대형마트들이 온라인 유통의 약진에 대응할 때, 초기에는 편리성과 최저가로 대응했으나 최근에는 경험적 요소를 강조하고 있다. 이러한 전략의 변화는 앞으로 공간 비즈니스가 가야 할 방향을 암시한다.

후술하겠지만 최근 럭셔리 시장이 젊은 소비자들을 중심으로 폭발적으로 확장하고 있는데, 이러한 '사치의 대중화' 현상은 소비 행태의 또 다른 변화를 초래한다. 즉 소비가 극단화되는 것이다. 아무리 젊은 부유층, 이른바 '영 앤 리치young and rich' 계층이 늘었더라도, 대부분의 평범한 사람은 고가품을 구매하고 나면 다른 지출에 영향을 받기 마련이다. 명품 하나를 사기 위해 생활비를 줄여야 하는 것이다. 이는 아주 비싼 상품과 아주 싼 상품, 즉 럭셔리와 가성비가 공존하는 시장의 분리를 초래한다. '양면적인 소비자'를 뜻하는 앰비슈머ambisumer는 자기가 좋아하는 물건에는 거침없이 소비하고 관심 없는 물건은 초절약하는 소비자를 일컫는다. 이러한 소비의 극단화 현상은 온라인과 백화점이 함께 성장하는 또 하나의 이유다.

가성비 상품이 온라인만의 전유물도 아니다. 최근 기존 아웃렛과는 또 다른 형태의 할인 업태인 '오프 프라이스 스토어Off Price Store'가 등장했다. 오프 프라이스 스토어에서는 명품 등 해외 유명 브랜드의 이월 상품을 유통업체가 직접 매입해 소비자에게 판매한다. 2000년대 초 미국에서 시작된 업종으로 이월 상품 할인율은 보통 최초 판매가 대비 40~70퍼센트로 기존 아웃렛 할인율(30-50퍼센트)보다 높다.[32] 최근 백화점들도 오프 프라이스 스토어 투자에 적극적이다.

반대로 명품 역시 백화점의 전유물이 아니다. 생활 상권 유통의 상징인 편의점에서도 명품을 판매하기 시작했다. CU는 현대백화점 면세점과 협업해 CU멤버십 애플리케이션 '포켓CU'를 통해 명품 면세품을 판매했고, 완판에 성공했다.[33] 이는 사치품의 대중화와 더불어 백화점 역시 명품 판매를 자신의 전유물로 여기고 안주할 수 없음을 잘 보여준다. '새롭다'는 의미를 가진 단어 '뉴New'로는 채 담아낼 수 없을 만큼, 뉴리테일 시대의 유통시장은 실로 놀라운 속도와 진폭으로 소용돌이치며 뒤섞이고 있다.

가슴 설레는 공간이 될 수 있다면, 입지는 문제 되지 않는다. 꼭 가고 싶은 공간이 있다면, 얼마나 멀리 있느냐는 의미가 없다. 기차를 타고, 비행기를 타고서라도 사람들은 간다. 더현대 서울에는 지방에서 올라온 고객들로 넘쳐난다. 앞서 상권은 거리의 제곱에 반비례할 만큼 입지가 중요하다고 했는데, 욕망하는 공간은 그 공식에서 제외된다. 최근 유통 트렌드의 하나는 '탈상권'인데, 소위 '힙hip'한 상권은 지역적 배후가 좋지 않아도 각지에서 방문객이 찾아와 주목받고, 배후가 탄탄한 기존 상권은 쇠락하는 현상이다. 낙후 공업지역이었던 성수동이 개성 있는 음식점, 카페, 전시장들을 유치하며 MZ세대의 인기 장소로 자리 잡고 있지만, 그동안 젊은이의 성지로 불렸던 종로·홍대 앞·명동·이태원 등의 상권은 공실이 늘고 있다.[34]

《매경이코노미》는 최근 오프라인 상권의 트렌드로 '렌트 프리(rent free, 무상임대)'와 '키 테넌트(key tenant, 핵심점포)'를 꼽은 바 있다. 인기 브랜드는 임대료 면제를 제안받는데, 핵심점포(임차인)가 임대인보다 우위에 서는 현상에 주목한 것이다. 나아가 집객 효과가 큰 유명 맛집, 서점 등의 핵심 브랜드가 부동산 상가 개발의 기획 단계부터 지분을 투자하며 참여하는 '키 테넌트 참여형 개발'도 봇물을 이루고 있다.[35] 이런 현상은 상권 개발이 좋은 입지만으로는 성공할 수 없고, 고객에게 즐거운 경험을 주는 콘텐츠와 브랜드의 유치가 핵심이 되고 있음을 잘 보여준다. 뉴리테일 시대에는 입지의 선정보다 잘 알려지지 않은 테넌트를 발굴하는 능력이 중요하다.[36]

이러한 논의를 종합하면, 매체와 채널이 극도로 다양해진 뉴리테일 시대에 사람이 모이는 공간의 핵심은 입지보다 고객경험이다.

03 페르소나 공간,
   소비 · 관계 · 비즈니스의 미래를 짓다

앞서 강조했듯이 오프라인 기반 공간의 핵심은 '경험'이다. 경험
이 중요해짐에 따라, 이제 '공간space'보다는 '장소place' 개념에 주목
할 필요가 있다. 다시 말해서 추상적 공간의 활용을 넘어 그 공간의
'장소성placeness'을 경험하는 비즈니스로 진화해야 한다는 것이다. 저
명한 인문지리학자 이 푸 투안Yi-Fu Tuan의 『공간과 장소』에 따르면,
공간과 장소는 다른 개념이다. '공간 + 경험 = 장소', 즉 공간에 경
험이 더해질 때 장소라고 부를 수 있다.[37] 공간은 추상적 의미가 강
하지만, 장소는 공간 중에서도 특별히 삶과 경험, 애착이 녹아든 곳
을 말한다.

예를 들어 스타벅스는 매장을 '혼자만의 커피'에 집중할 수 있는
특별한 의미가 더해진 장소로 만들기 위해 노력했다. 실제로 스타벅
스는 2017년 10월 스타벅스 로고가 새겨진 머그잔, 텀블러, 커피 제

품 등의 온라인 판매를 모두 중단했다.[38] 스타벅스라는 공간이 주는 유일무이한 '장소성'을 확보하기 위한 전략이었다. 이처럼 디지털 시대, 온라인 공간이 주지 못하는 '장소성'이야말로 전통적인 오프라인 비즈니스의 정체성identity이자 특장점이다.

오늘날 비즈니스는 사물 인터넷을 활용하여 초연결성을 실현하고, 메타버스 세계를 새로운 산업공간으로 창의하는 단계까지 성숙했다. 이렇듯 온라인 비즈니스는 공간을 물리적인 공간에서 추상적인 매체로 확장하고, 오프라인의 상업공간을 점령해나가며 그 영향력을 넓히고 있다. 그런데도 오프라인 비즈니스가 살아남은 이유는 오프라인의 '장소성'이 인간의 경험 과정에서 감성과 욕망을 자극하기 때문이다. 장소란 '감각을 가진 공간'이다. 생물처럼 늘 살아 있는 감각을 유지하며, 고객과 끊임없이 소통하며 성장할 때, 비로소 비어 있는 공간이 아니라 살아 있는 장소로 기능할 수 있다.

그렇다면 어떻게 공간을 장소로 만들 수 있는가? 바로 공간 요소의 외형적이고 물리적인 변화를 꾀할 뿐만 아니라, 고객이 공감할 수 있는 무형의 가치를 더해야 한다. 쉽게 표현하자면, 그곳을 방문하는 고객들에게 '이곳은 나의 공간이다'라고 생각하는, 일종의 '정체성의 동일시'가 일어나야 한다는 것이다. 그리고 이때의 동일시는 기존의 상업적 전략에서 진일보하여, 취향과 재미, 자연과 개방 같은 다양하고 흥미로운 체험 요소를 고려한 인간적·심리학적 기획이 이루어져야만 가능하다.

'이곳은 나의 공간이다'

이렇듯 개별 고객이 자기 정체성을 동일시할 수 있는 공간을 '페르소나 공간persona space*'이라 명명하고자 한다. 다시 말해 페르소나 공간이란, 공간이 이용자의 페르소나에 부합하는 개인적 취향, 흥미, 가치관, 라이프스타일 등을 만족시킬 수 있도록 기획된 공간이다. 나아가 고객이 공간에서 자신의 취향 등을 발견할 수 있도록 제안하고 학습할 수 있도록 자극하는 공간을 말한다.

페르소나는 심리학에서 타인에게 비치는 외적 성격을 지칭하는 용어다. 본래 페르소나는 '고대 그리스에서 배우들이 쓰던 가면'을 일컫는다. 카를 구스타프 융Carl Gustav Jung이 이 단어를 심리학 용어로 사용했는데, 인간은 천 개의 페르소나를 가지고 있어서 상황에 따라 적절한 페르소나를 바꾸어 쓰면서 삶을 살아간다고 이야기했다. 인간은 페르소나를 통해 삶 속에서 자신의 역할을 바꾸어가며 주변 세계와 상호 소통하고 관계를 형성한다.

필자들은 『트렌드 코리아 2020』에서 현대인들이 자기 상황에 맞게 그때그때 바꿔 쓰는 여러 개의 가면을 '멀티 페르소나Me and Myselves'라는 트렌드 키워드로 정의한 바 있다.[39] 오래된 정신분석학

---

* 엄밀하게 말하면 '페르소나 장소'라고 호칭하는 것이 더 정확하다. 하지만 장소나 공간이라는 용어가 실생활에서는 잘 구분되지 않는 매우 일상화된 용어이기에, 혼란을 피하고자 '공간'으로 지칭한다. 여기서 설명하는 '장소' 개념이 특별히 들어가는 경우에는 '장소성'이라는 용어로 특정해 부르고자 한다. 예를 들어 이 푸 투안의 '장소' 개념과 동의어로 '장소성이 있는 공간'이라고 지칭하는 식이다.

녹음이 가득 찬 넓은 공간에서 사람들은 그 공간에 담긴 무형의 가치를 느낄 수 있다.

용어인 페르소나가 최근에 다시 화두가 되는 첫 번째 이유는 소비자들의 자기표현 경로가 다양해졌기 때문이다. 최근 고객들은 각종 메신저 서비스는 물론이고, 다양한 SNS를 사용한다. 심지어 같은 서비스 안에서도 복수 계정을 운영하는 사람들도 많다. 그 결과 현대인들은 현실과 온라인에서의 정체성이 다르고, 온라인에서도 어떤 계정에 접속하고 있느냐에 따라 정체성이 다르다. 이러한 '유연한 자아flexible self'의 시대에 사는 사람들은 혈연, 학연, 지연과 같은 일차적 관계보다는 '취향'으로 자신의 정체성을 표현하게 된다. 현대사회에서 취향은 단순히 개인이 즐기는 취미의 차원이 아니라, 소통과 소속의 욕구를 실현하는 정체성 의식 형성의 핵심이다. 앞서 백화점의 미래는 '럭셔리'에 달려 있다고 했는데, 현대의 럭셔리는 단지 '매우 비싼 브랜드'가 아니다. 멀티 페르소나 시대의 럭셔리란 '확고한 취향'이다.

페르소나는 다른 개념으로 사용되기도 한다. 흔히 '고객 페르소나'라고 하는데, 신제품이나 서비스를 기획할 때 '이것을 어떤 사람이 가장 많이 사용할까?'라는 식으로 타깃 고객을 되도록 상세하고 정확하게 묘사하는 것이다. 예를 들면 특정 브랜드의 타깃을 '40대 초반 여성'이라고 두루뭉술하게 잡는 것이 아니라 "40대 초반, 판교 소재 IT 회사에 다니는 직장인 여성으로 슬하에 아이 하나가 있고, 가계소득은 월 400만 원 이상이며, 마포의 중소형 아파트에 전세로 거주한다. 그의 라이프스타일, 관심사, 소비 형태, 브랜드 선호는 어떠어떠하다"라는 식으로 매우 구체적으로 묘사하는 것이다.

후술하는 바와 같이 고객이 극도로 세분화되는 현대 시장에서는 타깃 고객을 정확하게 정의하는 것이 매우 중요한데, 그것을 구체적으로 묘사함으로써 기획자나 마케터가 더 분명하게 고객에게 접근할 수 있게 도와주는 것이 바로 '고객 페르소나'다. 공간도 마찬가지다. '어떤 사람들이 이곳에 방문하도록 유도할 것인가?'라는 타깃 설정의 문제가 기획의 출발점이 되는데, 그런 의미에서 공간의 고객 페르소나를 적확하게 설정하는 것은 중요하다. 이런 취지에서 페르소나 공간의 또 하나의 의미는 '타깃 그룹의 고객 페르소나를 정확하게 반영하는 공간'이다.

요약하면, 뉴리테일 시대에 사람들이 열망하는 공간이 되기 위해서는 '타깃 고객의 페르소나에 부합하고, 그들이 자신의 취향에 맞는 공간이라고 자각할 수 있는 공간', 바로 페르소나 공간이 되어야 한다. 그렇다면 더현대 서울은 구체적으로 어떻게 페르소나 공간을 구현했을까? 물론 결국에는 공간의 구현 작업이 가장 중요한 요소지만, 이제부터 설명하듯이 더현대 서울의 성공은 단순히 공간만의 문제는 아니다. 새로운 자기 정체성과 타깃 고객을 설정하고, 공간디자인, 머천다이징, 커뮤니케이션, 리테일테크까지 백화점 경영과 관련된 모든 국면을 그에 맞춰 실행해낸 총체적 혁신의 결과다.

PART 1에서 더현대 서울이 자기 정체성을 어떻게 만들어나갔는지부터 살펴보자.

페르소나 A

선호 브랜드
Prada

스키니한 룩을 즐긴다.
블랙 컬러는 항상
믿어 의심치 않는다.
오토바이를 타는 것이
차를 타는 것보다
멋지다고 생각함.

페르소나 B

선호 브랜드
Bottega Veneta

매사에 진지하다.
예민한 편. 향수에
집착한다. EGO가
뚜렷하다. 물건을
구매할 때 브랜드
스토리를 따지는 편.

페르소나 C
선호 브랜드
Fendi

눈빛에 확신이 차있다.
기본적으로 차분한
베이스. 시티보이
무드. 잘하는 것과
별개로 모험하는 것을
좋아한다.

페르소나 D
선호 브랜드
Isabel Marant

파리지앵이고 싶어한다.
원색계열의 미니멀
디자인을 좋아한다.
웃는것이 차분하고
내향적. 캔들 태우는
것을 좋아한다.

페르소나 E
선호 브랜드
Valentino

정석보다는 믹스매치를
선호한다. 무드에
맞다면 어떤 패션
도전도 두려워하지
않는다. 의외로 한식을
좋아한다.

더현대 서울이 기획 당시 고객 페르소나를 아홉 가지
유형으로 규정한 내부 자료 중 일부다.
고객 페르소나를 정확하고 분명하게 설정한 것은
더현대 서울의 성공 포인트 중 하나다.

아이덴티티

: 전에 없이 새로운

PART 1

IDENTITY

프롤로그에서 뉴리테일 시대에는 "고객 한 사람 한 사람이 이곳은 나의 공간"이라고 느끼는 것이 중요하고, 타깃으로 설정한 고객 페르소나에 딱 들어맞는 '페르소나 공간'이 필요하다고 결론지었다. 그렇다면 페르소나 공간을 창출하기 위해 가장 필요한 작업은 무엇일까? 전술한 바와 같이 자신의 정체성, 즉 아이덴티티를 선명하게 확립하는 일이다. '어떤 공간이 될 것인가?'에 대한 지향점을 분명하게 수립하는 일이다.

자기 정체성을 분명히 하는 것은 희망이나 목표만으로 결정될 문제가 아니다. '누구에게 사랑받는 공간이 될 것인가?'에 대한 정의가 분명해야 한다. 다시 말해서 페르소나 공간이 되기 위해서는 누구에게 집중할 것인가, 즉 타깃 고객의 페르소나를 정확히 설정해야 한다. 특히 뉴리테일 시대에는 자신의 비즈니스에 어울리는 타깃을 정확하게 설정하는 것이 아주 중요하다. 소비자가 자기 개성을 중시하고, 취향이 극도로 개별화된 시장 상황에서 모든 소비자를 골고루 만족시키는 것은 가능하지 않을뿐더러, 아주 비효율적이기 때문이다. 더현대 서울은 타깃 고객의 페르소나에 맞춰 자신의 아이덴티티를 새롭게 재정의하고자 했다.

퀴즈 하나. KBS의 대표 음악프로그램인 「열린음악회」와 「가요무대」 중 어떤 프로그램의 시청률이 더 높을까? 참고로 2021년 7월 26일 「가요무대」의 출연진은 강혜연, 강민주, 한혜진, 강소리, 송대관, 허참, 이자연, 태진아, 김성환 등이었고, 같은 주 「열린음악회」의 출연진은 송소희, 김준수, 김연자, 잔나비, 최백호였다. 얼핏 봐도 「열린음악회」쪽 진용이 더 화려하다. 하지만 답은 「가요무대」다. 「가요무대」의 시청률은 6.8퍼센트로 「열린음악회」 3.3퍼센트를 훌쩍 앞선다. 그냥 앞선 게 아니라 두 배가 넘는다. 「열린음악회」의 출연진이나 무대 수준이 「가요무대」에 못지않거나, 어쩌면 더 나은데에도 이렇게 시청률 차이가 크게 나는 이유는 무엇일까?

답은 '타깃'이 얼마나 분명한지에 달려 있다. 「열린음악회」는 최신가요, 트로트, 포크, 국악 등 장르를 망라해 여러 시청자층이 볼 수 있지만, 핵심 타깃은 불분명하다. 반면 「가요무대」는 흘러간 옛 가요를 사랑하는 60~80대에 확실히 초점을 맞추고 있다. 타깃이 매우 선명한 것이다. 매체가 많아지고 경쟁이 치열한 시장에서는 타깃이 뚜렷해야 성과를 낼 수 있다. 같은 이야기를 TV조선의 대표 프로그램 「미스터 트롯」과 「국민가수」를 사례로 들어 설명할 수 있다. 시청률 35.7퍼센트를 기록한 「미스터 트롯」의 성공 이후, 서혜진 PD와 노윤 작가가 그 경험을 살려 「국민가수」를 기획했지만 시청률은 18.8퍼센트밖에 되지 않았다.[1] 시청률이 큰 폭으로 떨어진 것에는 다른 원인도 있겠지만, 시청자 타깃을 넓게 잡은 것이 가장 큰 이유라고 보인다. 시장이 극도로 세분화된 상황에서 이제 영역을 불문하고 '국민○○'은 더 이상 찾기 어려워졌다.

"요즘 장사가 안 되는데, 어떻게 하면 좋을까요?" 이런 류의 질문을 받으면, 업종을 불문하고 제일 먼저 되묻는 것이 "누구를 대상으로 사업을 하고 계시는가요?"다. 일단 누구를 대상으로 할 것인지 '타깃'이 분명하지 않으면 사업이 성공할 수 없기 때문이다. 사업을 성공으로 이끄는 세 가지 조건은 다음과 같다. 첫째, 해당 상권 특성에 걸맞은 타깃을 제대로 선정했는가? 둘째, 해당 타깃이 선호할 아이템을 제대로 갖추고 있는가? 셋째 해당 타깃이 주로 사용하는 매체를 통해 선호하는 메시지로 마케팅하고 있는가? 그렇다.

성공의 공식 세 가지는 첫째도 타깃, 둘째도 타깃, 셋째도 타깃이다.

01 타깃: MZ세대

'백화점', 참 설레는 단어다. 눈이 휘둥그레지는 화려한 조명, 반짝반짝 진열된 옷과 소품들, 환영해주는 직원들의 밝은 미소, 언제나 쾌적한 온도, 음악, 분위기까지⋯. 백화점에 가면, 마치 동화 속 주인공이 된 것 같은 착각이 든다. 특히 방문할 만한 근사한 장소가 별로 없었던 기성세대들에게 백화점은 늘 화려한 선망의 공간이었다.

봉 마르셰 이후 백화점의 발달은 전 단계 자본주의가 본격적인 소비자본주의로 이행한 시기와 일치한다. 19세기 중엽부터 20세기 초에 걸쳐서 프랑스, 영국, 미국 등의 대도시에 차례로 생겨난 백화점은 때마침 공장 생산으로 옮겨간 섬유산업과 밀고 당기는 관계 속에서 대중소비경제를 만들어냈다.[2] 우리나라에서도 궤를 같이한다. 우리나라 백화점은 1931년 일본의 '미쓰코시'가 경성지점(1955년 '동화백화점'으로 상호를 바꿔 다시 개점)을 최초로 설립한 이래, 1932

한국인에 의해 최초로 설립된 화신백화점(상)과 우리나라에 최초로 들어선 미쓰코시백화점(하).
미쓰코시백화점은 한국전쟁 때 미군 국방마트로도 사용되었다.

년 '화신백화점', 1954년 '미도파백화점' 등이 차례로 문을 열었다. 초기의 백화점이 매장 임대 형태의 단일 건물에 가까웠다면, 지금과 같은 직영백화점은 전술한 동화백화점이 '신세계'가 된 1969년 이후에 등장했다. 이후 롯데, 한양, 미도파, 새로나, 그랑프리, 팔레스, 뉴코아, 그랜드, 진로, 쁘렝땅, 삼풍 등 크고 작은 백화점들이 잇따라 개점했는데,[3] 이는 대한민국 경제성장의 역사와 밀접한 관련이 있다.

1980년대 이후, 백화점은 고도성장의 혜택을 누린 중상층을 대상으로 고급 제품을 취급하는 라이프스타일을 표방하면서, 자연스럽게 40대 주부를 타깃 고객으로 삼았다. 문제는 시간이 흐르면서 고객들도 함께 나이가 들었다는 점이다. 현재 백화점 주 이용 고객의 연령대는 47~55세다. 이 연령대는 기존 백화점의 시스템에 뿌리 깊게 적응한 고객층으로, 업계에서는 이 연령대를 소비자의 가장 중요한 축으로 보고 있다.

더현대 서울의 경우는 어떨까? 누구를 타깃 고객으로 할 것인가? 앞서 여의도를 상권의 오지라고 설명했다. 만약 더현대 서울이 전통적인 백화점의 타깃 고객인 47~55세 주부를 대상으로 했거나, 전국적인 광역상권을 지향한다는 명분으로 모든 연령층을 만족시키려고 타깃을 분명하게 세우지 않았다면, 이도 저도 아닌 곳이 되었을 것이다. 더현대 서울이 주목한 것은 최근 시장의 압도적인 화두인 '세대', 그것도 MZ세대였다. MZ는 1980~1994년생을 의미하는 밀레니얼 세대와 그 이후 2009년까지의 출생자를 지칭하는 Z세대를 합쳐 부르는 말이다. 약 30년의 광범위한 세월을 포괄하지만, 이들은 이전 세대인 X세대(1965~1979년생)나 베이비붐 세대(1964년생 이전)와는 확연하게 구분되는 가치관과 소비 특성을 보여 최근 초미의 관심거리가 되고 있다.

하지만 MZ세대를 타깃으로 할 때 넘어야 할 문제점도 있다. 아직 젊은 세대라 구매력이 40~50대보다 작다는 점은 차지하더라도, 더 큰 문제는 어릴 때부터 글로벌 브랜드에 익숙하고 해외여행을 자유롭게 다니면서 선진 소비문화에 익숙한 MZ세대들이 부모님 취향에 맞춘 백화점에 더는 가슴이 설레지 않는다는 것이다.

백화점을 '백 가지 물건을 파는 점포', 다시 말해서 팔지 않는 물건이 없는 점포라는 의미의 백화점百貨店이라고 부르게 된 것은 독일어 'Warenhaus'의 영향이다. 이 단어는 '갖가지 종류의 상품을 취급하는 집'이라는 의미가 있다. 기성세대가 '없는 것이 없는' 백화점에 열광했다면, MZ세대는 '온갖 물건을 갖다 놓기만 한' 기존의 백화점 개념에 흥미를 느끼지 않는다.

《대학내일》조사에 따르면, MZ세대가 백화점에 방문한 비중은 60퍼센트를 웃도는 반면, 구매 경험은 46퍼센트로 방문 대비 구매전환율이 낮은 편이다. 백화점에서 구경하고, 구매는 온라인이나 모바일로 하는 '쇼루밍' MZ세대 소비자가 적지 않다는 뜻이다.[4] 더구나 20~30대는 경제력이 크지 않은 만큼 실 구매력이 낮으므로, 그들을 주 고객으로 설정할 때 실제 매출이 따르지 못할 우려가 크다.

더현대 서울에는 MZ세대의 니즈를 만족시키는 브랜드가 대거 입점해 있다.

© KYUNGSUB SHIN

대신 MZ세대에게는 막강한 힘이 있다. 20~30대는 트렌드를 만들어내는 집단이다. MZ가 선호하는 곳은 핫플레이스가 된다. 집객과 이슈 확산에 탁월한 능력이 있기 때문이다. SNS로 적극적으로 소통하는 20~30대는 바이럴viral 소통에 최적화되어 있다. 따라서 젊은 세대를 주 타깃층으로 했을 때, 새로운 지향을 펼칠 수 있다. MZ세대의 핫플레이스hot place로 자리를 잡으면, 빠르게 입소문이 나고 자연스럽게 다른 세대의 발길도 늘어난다. 자기 연령보다 젊게 소비하는 40~50대 소비자가 모여들면서 새로운 매출을 만들어낼 수 있는 것이다.

전통적인 지역 기반의 백화점에서는 해당 지역의 구매력이 있는 계층을 타깃 고객으로 설정하므로, 어떤 명품 브랜드를 입점시키느냐가 핵심이다. '명품 없이 일류 백화점이 될 수 없다'라는 선입견은 그래서 생긴 말이다. 지역 지향 백화점을 유지하게 만드는 동력은 소수의 '우수고객'이다. 많은 백화점이 세분된 등급의 다양한 등급과 우대제도를 운용하는 것도 그 때문이다. 전 세계의 백화점이 다 비슷비슷한 모습을 띠는 근본적인 이유이기도 하다.

하지만 MZ세대를 타깃으로 하면 이야기가 달라진다. 이들은 X세대나 베이비붐 세대에 비하면 구매력은 약하지만, 자기만의 호불호가 매우 확실하다. 남들이 잘 모르는 아이템을 '득템'하는 데 민감하다. 앞에서 공간이 소위 '힙'해지면 전통적인 입지와 상권 개념이 흐려진다고 지적했는데, MZ세대는 '좋아하는 브랜드가 있다면' 불원천리 어디든 찾아갈 수 있는 고객군이다. 그러므로 지역상권이 열악한 더현대 서울로서는 MZ세대를 타깃으로 초점을 맞추면서 대한민국 전역, 나아가서는 글로벌한 광역상권을 지향한 매우 당연하면서도 현명한 접근이었다고 볼 수 있다.

젊은 부자들이 늘고, 20~30대의 씀씀이가 커지면서 더현대 서울 이외에도 MZ세대에 타깃을 맞춘 곳이 늘고 있다. 갤러리아 백화점 압구정 본점이 명품관에 운동화 편집매장인 '스태디엄 굿즈'를 들였고, 홈플러스는 코로나19의 여파로 입점 브랜드가 빠져나간 공간을 젊은 고객들이 좋아하는 수영장, 자동차 쇼룸 등으로 활용하고 있다. 현대백화점의 판교점도 2022년 초 대대적인 리노베이션을 통해 '유플렉스'에 MZ세대가 팬덤을 보이는 브랜드를 입점시켜 매출의 급성장을 이뤘다.[5]

MZ세대를 대상으로 했다면 공간, 디자인, 마케팅, 커뮤니케이션, 콘텐츠 등 백화점 경영의 모든 측면에서 예전과는 달라야 한다. 특히 입점하는 브랜드가 중요하다. MZ세대를 타깃으로 한 백화점이라면 MZ세대가 사랑하고, 그들만이 아는 브랜드를 유치해야 했다. 특히 MZ세대가 주로 진입하는 지하철 통로와 연결된 지하 2층은 그들만의 놀이터가 되어야 했다.

"지하 2층은 임원이 모르는 브랜드로만 채워라."

이것이 MD기획팀에 내려진 특명이었다고 한다. 백화점에서 잔뼈가 굵은 임원들이 아는 브랜드라면 이미 MZ에게는 '꼰대 브랜드'

일 확률이 높았을 것이기 때문이리라. 결과는 성공적이었다. 더현대 서울의 20~30대 매출 비중은 46퍼센트로 타 점포 평균인 20퍼센트에 비하면 젊은 고객의 비율이 매우 높다. 브랜드만이 아니다. 고객 커뮤니케이션과 브랜딩, 각종 전시 등 콘텐츠 기획에서는 물론이고, 비교적 근거리 고객을 상대해야 하는 식품과 외식에서도 MZ세대가 열광하고, SNS에 업로드할 요소로 가득 채웠다. 실제로 더현대 서울에는 젊은 이성 커플과 동성 친구 커플, 지방에서 올라온 듯 커다란 캐리어를 끌고 있는 고객들로 가득하다. 개인적인 경험이지만 이 책을 집필하면서 더현대 서울을 자주 방문했는데, 갈 때마다 필자가 백화점 내 최고령자인 경우가 많았다. 전국 MZ세대의 데이트 코스이자 놀이터가 되는 데 성공한 것이다.

홍성태 교수와 조수용 대표는 『나음보다 다름』이라는 저서에서 그냥 더 나은 것이 중요한 것이 아니라, 소비자의 인식 속에서 다르다는 차별점을 만들고 유지해야 한다고 분석한 바 있다.[6] MZ세대는 지극히 개인화된 매체인 페이스북, 인스타그램, 틱톡, 트위터 등으로 소통하기 때문에 『트렌드 코리아 2020』에서 설명했던 '멀티 페르소나', 즉 다양한 자기 정체성의 표현이 매우 중요하다.[7] 최근 젊은이들이 MBTI 테스트 등 각종 자기성향 진단검사에 열광하는 것도 이런 이유에서다.

이런 고객들이 가고 싶어 하는 매장이란, 자기 페르소나와 동일시할 수 있는 장소성을 가진 공간이다. 다시 말해, 이런 매체는 자기를 표현하는 하나의 페르소나이기 때문에 '나답다'라는 과제가 중차

대한 의미가 있다는 것이다. '팔로우'하거나 구매하는 일도 마찬가지다. 더 낫거나 다른 것이 아니라 가장 '나답다'라고 느낄 때 장바구니에 담는다. 더현대 서울은 이런 온라인과 SNS의 '정체성 시장'을 실제 오프라인 공간에서 가장 잘 구현해낸 사례라고 평가할 수 있다. 그래서 임원들은 모르는 가장 'MZ다운 브랜드'에 집중했던 것이다.

무엇에 집중한다는 것은 무언가를 포기하는 일이다. 선택하는 일은 쉽지만 포기하는 일은 쉽지 않다. MZ세대에 집중한다는 것은 그동안 해오던 관행을 포기해야 함을 의미한다. 문제는 늘 실행이다. 실행의 첫걸음은 '해야 할 일'과 '하지 않을 일'을 구분하는 능력, 즉 선택과 집중을 할 수 있는 용기에서 나온다. 사실 고객들은 더현대 서울에 가면 그들이 '해놓은 것'을 볼 뿐, 그들이 '하지 않은 것'을 눈치채기는 쉽지 않다.

예를 들면 개점 초기부터 지금까지 각종 할인행사를 알리는 현수막이 없다. 모든 정보는 디지털로 제공하고, 현수막 제작할 예산으로 차라리 실내정원에 나무 한 그루를 더 심고자 했다. 직접 고객과 소통하려는 유혹도 자제했다. 그보다는 이야깃거리의 '씨앗'을 더 뿌렸는데, 인플루언서들의 자발적 입소문이 훨씬 영향력 있기 때문이다. 유행하는 '네고왕' 같은 바이럴 마케팅도 콘셉트에 맞지 않으면 바로 포기했다. 이처럼 고객 페르소나에 정확히 들어맞는 소통 방식을 찾고, 그에 집중하는 집요한 노력이 더현대 서울을 MZ세대의 페르소나 공간으로 자리 잡게 하는 데 절대적인 기여를 했다.

저자들이 14년째 집필하고 있는 〈트렌드 코리아〉 시리즈에서도 최근 '오팔세대' '워라밸세대' 'X-teen' 등 세대 담론에 주목하고 있다. 최근 세대가 중요해지는 이유는 대한민국 사회변화의 속도가 워낙 빨라서 세대별로 살아온 경험이 판이하기 때문이다. 경험이 다르니 가치관이 다르고, 가치관이 다르니 구매 행태가 다르다. 따라서 세대별로 완전히 다른 접근을 취해야 브랜드든 매장이든 성공할 수 있다. 비단 MZ세대가 아니더라도 현대 비즈니스에서는 확실한 타깃을 설정하는 것이 가장 중요하다.

02 성공 체험의 부인: 이름부터 바꾸다

사업에서 타깃을 바꾼다는 것은 모든 것을 바꾼다는 의미다. 더현대 서울은 전통적인 중년 타깃에서 젊은 세대로 타깃을 옮기면서 브랜딩, 공간기획, 디자인, 상품매입, 마케팅, 커뮤니케이션, 콘텐츠 등 모든 것을 바꿔야 했다. 그중에서도 제일 먼저 바꾼 것은 바로 자신의 존재 증명인 '이름'이었다. 더현대 서울의 성공 요인을 단 한 마디로 압축해야 한다면, 이름으로 얘기를 시작하는 것이 가장 효과적일 것이다. '현대백화점 여의도점'이 아니라 '더현대 서울'이다.

먼저 지역명 '여의도'가 이름에 없다. 여의도를 붙일 것인가, 서울을 붙일 것인가 하는 문제는 생각보다 어렵고 복잡한 문제다. 처음 브랜드명을 결정할 당시 '서울점' '여의도점' '센트럴점' '유니버스' 등 다양한 의견이 나왔다고 한다. 입지를 중시하는 백화점 업태의 특성상 브랜드를 장소로 명명하는 것은 당연한 관행이다. '여의

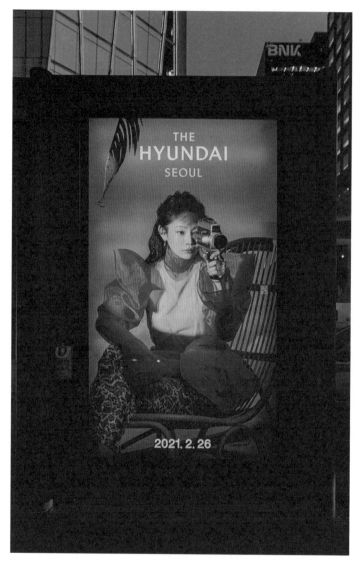

'백화점'이란 단어를 과감히 지운 '더현대 서울'의 트렌디한 버스 쉘터 광고

도점'이라고 하면 위치를 설명할 필요가 없기에, 커뮤니케이션 측면에서 이득이 분명하다. 반면, '서울'이라고 하면 지점 입장에서는 "그게 어딘데?" 하는 설명부터 시작해야 하고, 경영진으로서는 서울의 다른 점포와 관계를 재설정해야 하는 복잡한 문제가 따른다. 서울에 있는 현대백화점은 여덟 개인데, 압구정 본점처럼 역사와 전통을 자랑하는 지점이나, 무역센터점처럼 강남 요지의 지점도 쓰지 않는 '서울'이라는 명칭을 여의도의 신생 점포가 사용한다는 것은 브랜드 위계의 측면에서도 난제難題였을 것이다.

하지만 현실적인 고려가 있었다. 여의도 상권은 백화점으로 적절치 않은 곳이다. 그렇다면 여의도 혹은 그 인근을 집객의 범주로 한정하면 곤란하다. 따라서 백화점을 지어야 한다면 고객 범위를 넓혀야 한다. 쇼핑에 관심 있는 MZ세대라면 전국, 나아가 전 세계 어디서든 찾아올 수 있는 대한민국 수도 '서울'을 대표하는 쇼핑 공간이 되어야 한다. 이것이 여의도 대신 서울이란 이름을 택한 이유다. 더현대 서울이란 이름은 대한민국 최대의 상권을 가진 도시 서울에서는 다시 쓰기 어렵다. 명실상부하게 유일무이한 존재가 되어야 했다.

둘째, '백화점'이라는 단어도 이름에 없다. 서문에서 언급한 실제 공간, 즉 오프라인의 위기는 팬데믹의 영향으로 훨씬 빠르게 진행되는 중이다. 실제로 슈퍼, 마트는 물론 기존 백화점도 경영에 큰 위협을 받고 있다. 이러한 위기를 극복하기 위해서는 그저 크고 아름다운 공간이 아니라 '불편을 무릅쓰고라도 간절하게 가고 싶은 곳'이 되어야 했다. 더구나 MZ세대는 '백화점'이라는 단어에 부모 세대만큼 긍정적으로 반응하지 않는다. 백화점이지만 '백화점'이라는 명칭을 지워내는 고육지책을 감수할 수밖에 없었다.

결국 운영 주체를 알리는 최소한의 정보인 '현대'와 수도의 랜드마크가 되고자 하는 포부를 담은 '서울'만이 이름에 들어갈 단어군에서 살아남았다. 이름을 버린다는 것은 자기 정체성을 부인한다는 것이다. 환골탈태하는 큰 변화를 의미할 때, 종종 "이름 빼고 다 바꾼다"라는 표현을 쓰는데, 그 이름마저 바꾸는 결연한 의지를 실행으로 옮긴 것이다.

사실 이전에도 현대백화점의 브랜드 아이덴티티 비주얼 로고 형태로 '더현대'를 함께 썼지만, 적용은 제한적이었다. 영문 로고로 '더현대'를 썼지만, 구두로는 대부분 '현대백화점'이라 부르는 식이었다. 더현대 서울은 '백화점'을 빼고 '더현대'라는 네이밍을 본격적으로 사용한 첫 번째 점포다. '더현대'라는 브랜드는 고객과의 커뮤니케이션 관점에서 중요한 의미가 있다. 이는 비즈니스 확장성의 문제와도 연결된다. 더현대는 단순히 물건을 사고파는 리테일이 아니라, 고객의 취향과 라이프스타일을 설계하는 공간이다. 판매를 목적으로 하기 이전에 고객 생활의 가치를 제안하는 곳이 되고자 하는 지향점을 반영했다.

현대백화점은 새로운 이미지를 구축하기 위해 기존의 논리에서 벗어나는 파격을 택했다. 이 파격에 대해 더현대 서울 기획을 맡았던 실무자들은 "더는 물러설 곳이 없었다"라고 말했다. 여의도라는 상권 자체가 리스크가 적지 않던 상황에서 브랜드 이미지를 개선하지 못하고, 고객 반향까지 없다면, 현대백화점이라는 브랜드가 끝내 침몰할 것 같았다는 것이다. 실무자들은 경영진을 설득했고, 경영진은 용기를 냈다. 여러 가지 리스크를 고려해 무난하고 보수적인 선택을 할 수도 있었지만, '서울'이라는 네이밍을 통해 혁신의 이정표를 세우고자 했다.

서울을 콘텐츠로 선택한 이면에는 그 외에도 여러 가지 고려가 있었다. 우선 'K-대중문화'가 세계에 널리 알려지며 대한민국 콘텐츠의 위상이 높아지고 있었다. 서울이 세계도시경쟁력평가에서 10위권 안에 들며, 첨단 대도시로서의 위상을 공고히 하던 차였다. 서울관광재단이 2021년 11월 7개 언어권 9181명을 대상으로 한 설문조사에 따르면, 외국인 응답자의 91.9퍼센트가 "서울을 여행할 의향이 있다"라고 응답했다. 한국인 94.6퍼센트는 "해외여행이 가능한 경우에도 서울을 여행하겠다"라고 답했다.[8] 서울이 글로벌 명소로 성장했을 뿐만 아니라 20·30세대가 선망하는 '힙'한 콘텐츠를 담은 도시로 부상하고 있다는 뜻이다.

서울로 콘셉트를 잡은 후에는 '서울을 대표하는 공간'을 구현하는 데 힘을 쏟았다. 이러한 방향성은 서울의 대표 관광지가 되겠다는 포부 이상의 의미를 지닌다. 페르소나 공간 전략 측면에서도 중요하다. 다시 말해, 멋지고 트렌디한 '서울러의 페르소나'를 동경하는 지방이나 외국의 MZ세대가 서울러가 되기 위한 아이템을 얻을 수 있는 쇼핑 공간을 지향했다는 것이다. 더현대 서울에 유독 지방고객이 많다는 통계치를 이러한 측면에서 해석할 수 있다. 그렇기 때문에 보통 신규 점포를 열 때 경쟁업체를 철저히 조사하기 마련인데, 더현대 서울은 경쟁업체와 차별화하는 데는 신경 쓰지 않았다. '서울러'들의 라이프스타일이 구현된 공간으로 글로벌 포지셔닝을 확실히 하겠다는 목표가 있었기 때문이다. 경쟁이 치열한 수도권 내 상권 싸움에서 벗어나 글로벌을 지향함으로써 비교의 틀을 바꾼 것이다.

그렇다면 현대백화점그룹의 향후 브랜딩 계획도 궁금해진다. 다시 말해서 앞으로 생겨날 백화점 이름은 '현대백화점 ○○점'이냐 '더현대 ○○'이냐의 문제다. 더현대 서울 측의 대답은 이렇다.

"'더현대' 브랜드의 확장성을 너무 미리 고민하지 않으려 한다."

우선은 '더현대' 브랜드 아이덴티티를 구현할 수 있는 광역화 가능한 도시에 한정해서 활용할 예정이라고 한다. 현재 더현대 서울 후속 주자로 '더현대 대구'를 준비 중이다. 기존 점포들을 무리하게 '더현대'로 전환할 계획은 아직 없다. 서울 내 점포들은 그 규모와 스케일상 '더현대'의 콘셉트를 구현하기 어렵다. 여기서 눈여겨봐야 할 대목은 여의도점이 '앞으로 새로운 서울 점포는 어떻게 할 것인가?'를 고민하다가 눈앞에 있는 더현대 서울을 선점하지 못하는 우를 범하지 않았다는 것이다. 현대사회는 예측 불가능할 정도로 빠르게 변화하고 있다. 다음 점포가 만들어질 때는 또 다른 트렌드가 등장할 수도 있다. 지나치게 미리 고민하지 않는 것, 지금 할 수 있는 일에 집중하는 것, 트렌드 격변의 시대를 대처하는 현명한 태도다.

서울의 랜드마크가 될 수 있는, 전에 없던 페르소나 공간이 되기 위해 무엇을 어떻게 해야 했을까? 더현대 서울 기획을 맡은 임직원들이 가장 먼저 한 일은 현대백화점그룹이 성장해온 지난 50년간의 성공 사례를 일목요연하게 정리하는 작업이었다. 대략 60여 가지의 성공 요소가 도출되었다. 그다음으로 한 행동은? 이것을 복기復棋하는 것이 아니라, 모두 지우는 작업이었다. 지금까지의 성공 체험에서 얻은 경험칙을 모두 부인한 후, 단지 미래를 위해 필요한 아이디어만을 새로 채우는 작업을 시작했다.

더현대 서울 실무팀은 최대한 기존 사례를 벤치마킹하지 않으려고 노력했다. 물론 프랑스 등의 외국 사례를 일부 참고했지만, 되도록 전례 없는 도전을 하고자 했다. 미래를 지향하는 공간을 만들면서 이미 지어진 과거의 사례를 참고한다는 것이 모순이기 때문이다. 그러니까 자신의, 그리고 다른 사람의 성공 체험을 일반화하는 일을 극도로 경계했다. 실제로 더현대 서울의 상징적 공간인 '사운즈 포레스트' 같은 공간은 '전에 없던 새로운' 장소다. 세계 백화점에 전례가 없다.

이것은 쉽지 않은 일이다. 인간과 조직은 경험의 존재이기 때문이다. 지금의 자신을 만든 경험에서 자유롭기 어렵다. 특히 성공의 경험은 더욱 그렇다. 성공 체험에 안주해 스스로 변화하지 못하고 주저앉는 경우를 휴브리스hubris, 즉 '성공 체험에서 오는 오만'이라고 하는데, 그 사례가 무수히 많다. 세계 최초로 디지털카메라를 개발하고도 필름 매출이 줄어들까 변화를 주저했던 코닥 필름이 유명한 사례다.

휴브리스를 극도로 경계하고, 자신의 성공 체험을 부정할 수 있어야 하는 이유는 단 하나, 고객과 시장환경의 트렌드가 매우 빠르게 바뀌기 때문이다. 과거에 어떤 성공이 가능했던 이유는 자신의 노력과 더불어 그것이 통할 수 있었던 환경적 맥락이 존재했기 때문인데, 그 맥락이 변화한다면 같은 노력이 다시 성공할 확률은 크게 떨어진다. 이러한 측면을 간과하면 성공은 오로지 자신의 노력 때문이었다고 과대평가하게 된다. 그 자신감이 성공의 저주로 돌아오는 중요한 원인이다. 휴브리스에 '오만'이라는 뜻이 함께 있는 데는 이유가 있다.

일반론이 사라진 시대다. 원칙보다 맥락이 중요하다. 이러한 끊임없는 변화의 시기에 살아남을 수 있는 유일한 방도는 겸손해지는 것이다. 자신의 성공 체험을 부정할 용기를 갖는 것이다.

03 혁신: 당신의 위기를 낭비하지 말라

더현대 서울이 타깃을 새로 설정하고 이름까지 바꾸며 환골탈태한 배경에는 위기의식이 있었다. 시기적으로는 코로나 팬데믹이라는 고객 감소의 위기, 지역적으로는 여의도 상권이라는 입지의 위기, 시대적으로는 리테일 아포칼립스로 표현되는 오프라인 공간의 위기…. 이렇듯 다양한 층위의 위기의식이 절실했기에 그만큼 변화의 폭과 깊이가 남달랐고, 그것이 새로운 성공으로 이어질 수 있었다.

지금처럼 변화가 상시화된 시대에는 위기를 인식하지 못하는 것이 가장 큰 위기다. '위기 이해력crisis literacy'이 뉴리테일 시대를 살아가는 또 하나의 역량으로 떠오르고 있다. 최근 소비자 이해력consumer literacy, 트렌드 이해력trend literacy, 미디어 이해력media literacy 등 이해력, 문해력, 인식력 등으로 번역할 수 있는 '리터러시literacy'가 자주 사용된다. 원래 이 단어는 '글자를 해독할 수 있는 능력'이라는 뜻이다.

과거처럼 매체가 활자뿐이고 사회의 변화가 빠르지 않던 시기에는 글자만 이해해도 살아가는 데 아무 문제가 없었다. 하지만 하루하루가 눈부시게 변화하는 오늘날과 같은 시대에는 소비, 트렌드, 미디어 등 이해해야 하는 것이 참으로 많다. 이제는 '위기를 인식하는 능력'까지 중요해진 것이다.

이탈리아의 사상가 안토니오 그람시[Antonio Gramsci]는 "낡은 것은 죽어가고 있는데 새로운 것은 태어나지 않는 혼돈 상황"이라고 '위기'를 정의한 바 있다. 참으로 적확한 표현이다. 시대와 트렌드가 바뀌어 낡은 것들이 죽어가는데, 그 상황을 인지하지 못하고 과거의 성공 체험을 반복하며 새로운 것을 모색하지 못하는 것이 진짜 위기인 것이다. 서두에서 페르소나 공간으로 진화하기 위해 가장 먼저 필요한 것이 '정체성의 재정립'이라고 설명했는데, 자기 정체성을 바꾼다는 것이 결코 쉬운 일이 아니다. 여간한 위기의식이 아니고서는 스스로 환골탈태하겠다는 계획을 세우기 어렵다. 그런 의미에서 뉴리테일 시대에는 현재의 트렌드와 자기 격차를 인지하고, 그것을 위기로 받아들일 수 있는 '위기 이해력'이 매우 중요하다. 더현대 서울의 경우는 절실한 위기 인식이 실행으로 연결된 성공 사례라고 평가할 수 있다.

혁신은 어느 날 갑자기 떨어져 이뤄지는 것이 아니다. 마켓컬리의 창업자 김슬아 대표는 마켓컬리의 성공 비결을 "대단한 기술이나 아이디어를 발휘한 것이 아니라, 고객을 향해 '조금씩' 개선한 결과"라고 말한다.[9] 여기서 가장 중요한 말은 '조금씩'이다. 커다란 혁신

'한 번'을 준비하기보다는 상시적인 위기의식을 바탕으로 매일매일 조금씩 혁신하는 것, 이것이 뉴리테일 시대를 버티는 동력이다.

이러한 역량을 '혁신 쌓기 전략innovation stack'이라고 부른다. 세계 최고의 핀테크 기업이라는 찬사를 받는 결제 앱 스타트업 스퀘어의 창업자인 짐 매켈비Jim McKelvey는 『언카피어블』에서 혁신 쌓기 전략으로 아마존의 거친 도전을 물리칠 수 있었다고 말한다. 다시 말해서 모방copy이 비즈니스에서 문제를 해결하는 자연스러운 현상이 된 현대 경영환경에서 고객에 집중하며 문제를 해결하는 혁신을 차근차근 쌓아가는 것이 남들이 모방할 수 없는uncopyable 경쟁력이라는 것이다.[10]

더현대 서울 역시 주어진 여러 문제를 'MZ세대'라는 나침반 아래 하나씩 해결해나갔고, 새로움이 축적되어 누구도 복제할 수 없는 혁신 쌓기에 성공했다. 교훈은 분명하다. 그러므로 당신의 위기를 낭비하지 말라. 그 위기를 '한 방'에 해결하려 들지 말라. 오직 더 나은 고객경험을 향한 개선과 개선으로 천천히 혁신을 쌓아나가라. 어느새 뉴리테일 시대의 승자가 된 자신을 발견할 수 있을 것이다.

공간디자인
: 환상 그 너머

PART 2

SPACE DESIGN

대한민국의 백화점을 다 가봤다는 사람에게 입점 브랜드들의 이름을 들려주면서, 그것이 어느 백화점인지를 맞춰보라고 한다면, 정답을 말할 수 있는 사람이 있을까? 사실 어느 백화점이든 입점하는 브랜드가 대동소이하기에, 브랜드만으로 백화점을 차별화하는 것은 매우 어려웠다. 그래서 입지가 중요했다. 가깝거나 가기 편한 곳에 있어야 쉽게 사람을 모을 수 있었다. 구매력 있는 인구의 규모가 크고, 터미널, 기차역, 대형 지하철역을 낀 곳에 어김없이 백화점이 들어서는 것은 우연이 아니다. 나아가 이런 곳에는 극장, 대형 서점, 아쿠아리움 등 집객 효과가 큰 시설이 함께 있다. 매장 간 집객의 시너지 효과를 극대화하는 것이다. 기존에는 이런 방식으로 사람을 모을 수 있었다.

이런 맥락에서 보면 백화점과 쇼핑몰이 대형화되고, 그곳에서 쇼핑과 여가를 즐기는 몰링malling이 확산한 것은 어쩌면 시대의 요구였는지도 모른다. 그동안 쇼핑 공간은 갈수록 대형화했다. 하지만 극장을 유치하는 데 약 2000~3000평의 용지가 필요하다. 땅값 비싼 요지要地에서 대형 위락시설을 유치하며 백화점의 규모를 키우는 데는 한계가 있을 수밖에 없다. 지가地價의 기회비용을 넘는 매출과 수익을 올려야 하는 부담이 그만큼 커지기 때문이다.

이러한 상황에서 온라인 비즈니스의 폭발적 성장이 집객과 차별화의 문법을 완전히 바꾸었다. 오프라인 매장이 살아남는 유일한 방도는 전술한 장소성, 즉 온라인이 주지 못하는 '경험'을 주는 것이다. 고객이 선호하는 브랜드는 정해져 있어 백화점마다 구별이 어렵고,

그나마 온라인에서 얼마든지 구매할 수 있다면, 이제 차별화의 핵심은 입지가 아니라 '공간의 페르소나화'가 된다. 공간이 즐거운 스펙터클을 창출함으로써 다른 어느 곳에서도 느낄 수 없는 경험을 선사할 수 있느냐가 중요해진 것이다. 여기에 팬데믹이 결정타를 날렸다. 사람들이 모이는 곳에 방문하는 것에 크게 부담을 느끼면서 '정말로 가고 싶은 공간'이 아니면 발길을 주지 않게 되었다.

고객이 정말로 가고 싶은 공간을 어떻게 구현할 것인가?

잠시 화제를 돌려보자. 아주 특별한 날에 가족들과 행복한 하루를 보내고 싶다면 어디를 갈까? 테마파크가 가장 먼저 떠오른다. 다음으로 생각나는 곳은 백화점이다. 테마파크와 백화점은 현대 소비사회에서 가장 보편적으로 행복을 얻을 수 있는 공간이다. 테마파크와 백화점은 그 외에도 공통점이 있다. 일단 넓다. 길을 잃기도 쉽다. "와!" 하고 놀랄 만한 랜드마크가 있다. 일상에서는 보기 힘든 광경이 펼쳐진다(백화점에는 평소 볼 수 없는 멋진 상품들이 즐비하다). 또한 늘 축제가 있다(백화점의 할인판매 기간을 '축제'라고 표현한다). 직원들의 노동이 연예 활동이 된다(백화점 직원의 주된 역할은 고객을 즐겁게 하는 것이다). 에리히 프롬Erich Fromm은 "현대인에게 자신이 생각하는 천국을 표현하라고 하면, 세계에서 가장 큰 백화점을 묘사할 것"이라고 일갈한 바 있다.

테마파크와 백화점은 어떻게 행복감을 만들어낼까? 일단 다양한 공간적 장치를 통해 현실이 아닌 곳에 와 있는 듯한 환상감 phantasmagoria을 창조한다. 자크 라캉Jaques Lacan은 "일상日常이란 죽음으로 가는 지루한 통로"라고 언급한 바 있다.[1] 이 지루함을 돌파할 수 있게 하는 것이 비일상성, 즉 일상에서 볼 수 없는 환상감이다. 백화점과 테마파크는 공간을 폐쇄화하고, 하나의 테마와 콘셉트를 통해 공간 이미지를 창출함으로써 환상을 공간으로 구현한다. 단순히 놀이동산이라고 하지 않고 '테마'파크라고 하는 데는 이유가 있다. 말그대로 주제thema가 있기 때문이다. 결국 가고 싶은 곳의 비결은 '현실을 초월한 환상'을 공간적 요소들을 통해 어떻게 구현하느냐에 달려 있다. 현실이 팍팍해지는 경기침체 시기에 SF와 판타지 장르가 베스트셀러 목록에 오르는 것도 같은 맥락이다. 현실이 비루할수록 사람들은 환상감을 찾는다. 집단면역을 형성할 수 있을 거라던 희망이 오미크론 변이로 날아가버린 2021년 크리스마스, 신세계본점을 수놓은 환상적인 조명 '매지컬 홀리데이'에 인근 교통을 마비시킬 만큼 사람들이 몰려든 것도 같은 맥락이다.

우리에겐 환상감이 필요하다.

이것이 리테일 아포칼립스와 코로나 팬데믹 시대, 모든 공간 비즈니스의 화두다. 더현대 서울은 백화점이라는 공간의 고정관념을 깨고 타깃 고객들이 자신의 취향과 일치감을 느낄 수 있는 페르소나 공간을 창출함으로써 그 환상감을 만들어내는 데 성공했다고 평가할 수 있다. 페르소나 공간 전략은 정체성 강화, 머천다이징, 커뮤니케이션, 리테일테크 도입 등 공간 운영의 모든 국면에서 적용되어야 하지만, 그중에서도 공간디자인이 가장 직관적이고 직접적인 구현 방법이다. 단지 멋지고 화려한 요소를 적극적으로 도입하는 것이 공간디자인의 핵심은 아니다. 기존 공간디자인의 발상을 전환하고 관행을 탈피할 때 의미가 있다.

백화점은 일반적으로 상품기획을 최우선 순위에 두고, 거기에 맞춰 공간을 설계한다. 안정적인 매출을 위해 브랜드 개수를 맞추고, 브랜드 영향력에 따라 면적에 차등을 두어 공간을 구획한다. 브랜드 수와 브랜드별 전용 면적에 근거해 공간 배치(zoning, 흔히 '조닝'이라고 한다)를 하고, 흥미 유발 요소로 약간의 콘텐츠를 넣는 것이 기존 백화점의 일반적인 공간 구현 방식이었다. 면적이나 동선 등이 모듈화되어 있고, 브랜드의 입점 루틴 역시 정해져 있으므로, 매우 효율적인 공간설계가 가능하다.

하지만 더현대 서울은 기존 백화점과는 정반대로 공간을 구성했다. 고객경험을 먼저 고려해 공간을 만들고, 거기에 상품과 브랜드를 맞춘 것이다. 매출이라는 효율성보다 고객경험이라는 유희성에 초점을 둠으로써 단순한 '매장의 집합'이 아니라, 하나의 콘셉트를 유지하면서도 다양한 경험을 선사하는, 가고 싶은 '환상의 공간'으로, 혹은 '환상 그 너머'를 보여주는 공간으로 진화된 오프라인 비즈니스의 새로운 페르소나 장소성을 보여주었다.

01 구조와 공간기획: 공간의 공공성 회복

더현대 서울에 가면, 먼저 압도적인 공간감이 눈에 들어온다. 일곱 개의 공간, 보이드void가 위에서 아래로 내리뻗는 공간의 특성에 힘입어, 모든 층에서 1층을 조망할 수 있는 탁 트인 구조는 그 자체로 하나의 스펙터클이다. 건축가 유현준 교수는 회화, 음악과 달리 건축만이 가지고 있는 소통의 도구는 바로 비어 있는 공간인 '보이드'라고 말한다.[2] 공간을 한자로 '빌 공空' '사이 간間'으로 쓰는데, 결국 '비움'과 '관계'의 합이라는 의미다.[3] 그렇다. 공간, 나아가 건축은 보이드로서 비로소 의미 있다.

더현대 서울이 전체 면적 중 절반만을 매장으로 사용하고, 나머지 절반을 보이드나 고객 휴식 공간으로 돌린 것은 대단히 파격적인 시도다. 이는 앞서 언급했듯이 이곳이 백화점이 아니라 몰로 기본설계된 건물이었기에 가능한 일이었다. 하지만 후술하듯이 공간 대부

분을 재설계하고 보완했다는 점을 고려하면, 이러한 공간감은 당연한 결과가 아니라 깊은 고민의 산물이다. 공간의 개방성과 공공성에 대한 진지한 성찰이 있기에 가능한 일이었다.

기존 백화점은 고객의 시선을 분산시키지 않도록 폐쇄적으로 공간을 만든다. 그동안 유통의 원칙은 내부 몰입감을 높이는 데 최적화된 구조와 동선을 설계하는 것이었다. 더현대 서울은 이 일반화된 문법을 깨뜨리는 데 고심했고, 고심의 첫 번째 결과물은 투명한 유리를 활용한 천창天窓을 만듦으로써 개방성을 극대화하는 것이었다. 같은 뿌리 공간에 있으면서도 층별로 이질적인 경험을 할 수 있는 다양성은, 전 층을 연결하며 공간 전체의 채광을 확보하는 천창까지 통하는 보이드가 중심을 관통하기에 가능한 것이다.

빛은 건축의 꽃이다. 영국 솔즈베리의 스톤헨지, 로마의 판테온, 독일 고딕 양식의 대성당, 근현대의 롱샹 성당까지, 대표적인 서양 건축물들의 공통점은 바로 '빛의 건축'으로 불린다는 점이다. 고딕 양식의 고측창高側窓 스테인드글라스를 통해 들어오는 햇빛과 이를 가장 현대적으로 재해석한 르 코르뷔지에Le Corbusier의 롱샹 성당은 건축가들이 오래전부터 아침, 점심, 저녁의 태양을 연구했다는 것을 알려준다. 우리는 태양의 위치와 그림자의 길이 등을 통해 비로소 건축물을 인지할 수 있다. 빛의 건축으로 유명한 루이스 칸Louis Kahn은 "구조물은 빛 속의 디자인"이라고 했고, 김수근 선생 역시 "건축은 빛과 벽돌이 짓는 시"라고 표현했다. 실제로 루이스 칸의 킴벨 미술관 이후 미술관 건축에서 빛이 중요한 요소로 대두했다.

더현대 서울의 공간적 개방감은 자연광을 그대로 흡수하는 천창의 역할이 절대적인데, 천창은커녕 햇빛이 들어오는 창문조차 일반 백화점에서는 일종의 금기였다. 상품을 창가에 두면 상품의 색이나 재질이 변질되기 쉬우므로 상품 보호를 위해 창문을 내지 않는 것이 불문율이었다. 하지만 이 불문율도 절대적인 것은 아니다. 외국에서는 종종 시도한다. 바니스 뉴욕 패션 전문관에는 고측창이 나 있었고, 파리 봉 마르셰도 마찬가지다. 여러 사례를 참고한 끝에, 그동안 불문율처럼 여겨지던 금기를 깨고, 빛이 들어오는 천창을 만들었다. 뒤에서 설명하듯 생목生木이 자라는 '사운즈 포레스트' 실내정원은 천창이 있기에 탄생할 수 있었다.

1층에서 천장까지 이어지는 광활한 보이드는 강력한 공간적 통일성을 부여하며 더욱 대담하게 각 층의 환경을 다른 콘셉트로 구성하는 기반이 되었다. 이러한 유기성과 특이성의 공존은 애초에 이 건물의 상당 부분인 무주無柱, clear span 공간, 즉 기둥이 없는 공간으로 채워져 있기에 가능했다. 압도적인 크기를 자랑하는 사운즈 포레스트는 가로 113미터, 세로 120미터, 높이 25미터의 크기인데, 기둥이 하나도 없다. 이런 공간은 아이스링크와 돔구장을 제외하면, 서울 동대문디자인플라자 정도를 꼽을 수 있다. 구조물에 방해받지 않는 개방된 공간은 실내와 실외의 경계를 넘어서는 쾌적함을 고객에게 제공한다.

빈 공간은 중요하다. 이는 쾌적함을 넘어서는 문제다. 백지가 있어야 새로운 그림을 그릴 수 있듯이, 여백이 있어야 고객이 자기 페

내부 기둥이 없어 탁 트인 '사운즈 포레스트' 전경

르소나를 투영할 여지를 만들 수 있다. 일본의 '돈키호테'라는 잡화점은 쇼핑이 어려울 만큼 비좁은 공간에 상품을 밀집해 진열하는 것으로 유명한데, 이런 공간에서 취향, 정체성, 페르소나를 상상하기는 어려울 것이다. 그런 의미에서 충분한 빈 공간은 페르소나 공간 구축의 밑바탕이라고 볼 수 있다.

경기장이나 전시장이 아닌 공간에서 기둥을 사용하지 않는 것은 세계적인 건축가 미스 반 데어 로에^{Mies van der Rohe}가 그 가능성을 선보인 바 있다. 그의 주된 목표는 최소의 건축적 구조를 통해 최대한 구조에 구속받지 않는 자유로운 공간을 만드는 것이었다. 판스워스 하우스는 미스 반 데어 로에의 명작 중 하나이자, 그의 무주 공간에 관한 연구 결과물이다. 로에의 건축 철학이 담긴 미니멀리즘의 대표작인 판스워스 하우스는 자연과 집이 공존하고, 더 고차원적인 조화를 이루기 위해 기둥 없는 무주 공간의 개방감을 극대화하는 데 집중한 작품이다. 기둥이 없는 무주 공간은 어디에서나 어떤 용도로든 사용할 수 있어 '보편 공간^{universal space}'이라고 부른다.

더현대 서울은 넓다. 신세계백화점 센텀시티, 현대백화점 판교점 등과 어깨를 견주며 대한민국 최대 면적을 다툰다. 약 2만 7000평에 달하는 대형 매장의 미덕은 분명하다. 쇼핑뿐 아니라 새로운 체험의 장을 마련할 수 있는 여유를 제공한다는 것이다. 하지만 이 넓은 공간을 매출이 나오지 않는 공용공간으로 활용할 것인가는 별개의 문제다. 백화점 내부는 사유지私有地다. 그런데도 한편으로는 여러 사람이 함께 사용하는 공공성도 함께 갖는다. 공공공간이 그곳을 이용하는 사람들의 삶을 풍요롭게 하며, 대중이 집결하는 허브로 기능한다. 센트럴파크라는 광대한 공공지 없이 '세계의 수도'라고 불리는 뉴욕 맨해튼이 존재할 수 있었을까? 오밀조밀 상가로 꽉 차 있던 코엑스 부지에 스타필드 '별마당 도서관'이 생겼을 때의 충격도 같은 맥락이다.

백화점에 이렇게, 얼마나 공간의 공공성을 부여할 것인가? 더현대 서울이 위치한 여의도의 지역적 맥락은 공공성의 잠재력이 충만했다. 여의도 한강공원은 연 1700만~2000만 명이 방문하는 서울시의 가장 대표적인 공공공간이고, 더현대 서울 건너편의 여의도공원은 과거 국가적인 주요 행사가 열리던 대한민국의 전통적인 공공공간인 '여의도광장'이었다. 이런 대중적인 장소를 매개하는 공간으로 더현대 서울이 자리 잡을 수 있다면, 엄청난 시너지를 낼 수 있을 것이다. 실제로 더현대 서울 개점 이후 여의도 전체의 동선에 변화가 이뤄지고 있다. 기존 한강공원의 야외문화가 더현대 서울과 이어지고, 여의도 윤중로의 꽃이 만개했을 때는 더현대 서울로 이어지는 구간에 인파의 흐름이 형성되고, 더현대 서울은 다시 이 인파를 한강공원으로 이어준다. 백화점의 공공 기능이 극대화된 것이다.

뉴리테일 시대에는 사공간의 공공성이 중요해진다. 사유성私有性과 공공성이 교차하는 공간을 '역공간閾空間, liminal space'이라고 부른다.[4] 강내희 교수에 따르면, 역공간이란 "공적인 것과 사적인 것, 문화와 경제, 그리고 시장과 장소들을 결합하고 이것들의 경계를 말소하는 공간"을 말한다. 장기적인 관점으로 볼 때, 백화점은 점차 역공간화

될 가능성이 농후하다. 도시 내 대표적인 역공간은 공원, 박물관, 도서관, 문화센터 등인데, 현대사회에서 이런 공간은 갈수록 영리화되고, 영리 목적의 쇼핑 공간이 공공기능을 수행하는 것은 흥미로운 변화다. 이러한 역공간화 또는 공공공간화 역시 페르소나 공간 전략과 관련이 있다. 타인의 사유지에 자기 정체성을 투사하는 것이 쉬운 일은 아니기 때문이다. 페르소나 공간화를 위해서는 사유성을 축소할 필요가 있다.

더현대 서울 같은 대형 공간을 설계할 때 가장 어렵고도 중요한 과제는 고객에게 지루하지 않은 '하나의 인상'을 남기는 것이다. '최대 규모', '국내 최초' 등의 수식어는 언제든 뒤집힐 수 있지만, 고객에게 각인된 기억은 쉽게 지워지지 않고, 공간을 떠난 뒤에도 여운이 지속되기 때문이다. 더구나 고객들이 마음에 드는 공간에 올 때마다 사진으로 기록을 남기는 소셜미디어의 시대에는 단지 하나의 인상이 아니라, 고객이 '내 취향에 맞는 공간'이라고 느낄 수 있는 동질감을 주는 것이 중요하다.

어떻게 하면 고객에게 '내 취향의 공간', 다시 말해 페르소나 공간이라는 '하나의 인상'을 줄 수 있을까? 더현대 서울 프로젝트에 참여한 실무진은 그 한 방법론적 사례를 최근의 호텔 산업에서 찾았다. 그들에 따르면, 최근의 공간 트렌드를 보면 유통을 선행하는 업은 '호텔'이다. 최근에 프랜차이즈 대형 호텔이 아니라 작지만, 개성있는 '부티크 호텔'이 많아지면서, 과거에는 호텔이 리테일을 따라갔지만, 이제는 리테일을 선도한다. 신설되는 부티크 호텔이 자기 정체

고급스러운 디자인과 뚜렷한 개성을 지향하는 부티크 호텔의 라운지 카페
© PUBLIC Hotel

성에 맞는 소규모 리테일을 흡수하면서 흥미로운 트렌드를 만들고 있는데, 그 흐름을 보여주는 좋은 사례는 이안 슈레거Ian Schrager가 만든 뉴욕 '퍼블릭 호텔'이다. 대형 체인 호텔의 전성시대에 부티크 호텔로 새 바람을 일으킨 퍼블릭 호텔은 호텔에서의 경험을 완전히 바꾸어놓았다. 20~30대 뉴요커의 전폭적인 지지를 얻고 있는 퍼블릭 호텔은 투숙객의 공용 공간인 로비와 라운지 카페로 유명하다. 로비와 라운지가 주축이 되어 공간의 중심을 잡고, 그 주변으로 리테일이 붙어가는 형식이다. 다시 말해서 유통에 공용공간이 붙는 것이 아니라, 공공공간이 먼저고 여기에 유통이 따라가는 것이다. 더현대 서울은 뉴욕 퍼블릭 호텔에서 영감을 받았다.

공간이 변하면 그 안에서의 경험이 변한다. 더현대 서울이 가진 넓고 개방적인 매스mass, 즉 건축에서 공간을 점유하는 덩어리가 강력한 장점임에 분명하다. 사람들을 모으고, 동선을 만들고, 조닝과 MD 구성을 달리하며, 다른 백화점과 차별화되는 긍정적인 경험을 독려한다. 하지만 매스만으로 고객경험이 저절로 완성되지는 않는다. 심리학자 로저 바커Roger Barker는 특정 장소와 그에 합당하다고 여겨지는 태도가 서로에게 미치는 역동적인 관계를 '행동 세팅behavior settings'이라고 했는데, 장소마다 행동의 기준이 정해진다는 의미다.[5] 더현대 서울의 외관, 인테리어, 조경 등은 쇼핑객들의 행동을 어떻게 세팅하고 있을까? 미스 반 데어 로에가 말했듯, "신은 디테일에 있다 God is in the details". 지금부터 그 공간의 디테일을 살펴보자.

02 외관: 콘셉트는 등대다

더현대 서울이 페어몬트 앰배서더 서울, 고층 사무용 건물과 함께 들어서 있는 파크원^{Parc1}은 건축계의 노벨상이라고 불리는 '프리츠커상'을 받은 세계적인 건축가 리처드 로저스$^{Richard\ Rogers}$ 경이 설계했다. 로저스 경은 파리의 퐁피두센터, 런던의 로이드 빌딩 등을 설계한 거장으로, 첨단공학 기술을 바탕으로 건축재료와 시공을 실험한 '하이테크 건축의 거장'으로 불린다.[6] 안타깝게도 이 책을 집필하고 있던 2021년 12월에 그는 세상을 떠났다. 파크원은 그의 유작이 되었다.

파크원을 멀리서 보면, 건물의 모서리마다 강렬한 빨간색을 사용한 기둥이 제일 먼저 눈에 들어온다. 보는 사람마다 호오^{好惡}가 다르겠지만, 대체로 생경하다는 반응이다. 통일교가 소유했던 부지였기 때문에 빨강을 썼다거나, 중국 자본이 투입되어 그 취향에 맞췄다는

로저스 경의 시그니처 컬러인 강한 빨간색의 기둥이 시선을 끄는 파크원

속설이 있지만 사실이 아니다. 이 빨간 기둥은 서울시 심의 과정에서 거센 반대에 부딪혔고, 결국 "한국의 단청과 전통 건축의 빨간 기둥을 오마주한 것"이라는 '국내용 설명'이 더해졌다고 한다.[7] 참고로 사무용 건물에는 투자증권사가 입주해 있는데, 증시에서 빨강은 상승을 의미하기 때문에, 구성원들이 매우 만족하며 출근한다는 농담 같은 전언이 있다.

'빨강'은 로저스의 시그니처 컬러다. 그가 퐁피두센터를 건립할 때부터 고수한 색이다. 사실 퐁피두센터는 건물 안에 숨겨져야 할 철골과 배관, 심지어 에스컬레이터까지 외부에 그대로 노출해, 설립 당시 대중의 혹평과 전문가들의 격렬한 논쟁을 불러일으킨 바 있다. 런던 로이드 빌딩의 사옥 역시 내부 공간은 비워두고 엘리베이터, 계단 등 여섯 개 타워를 외부에 분리 배치해 파격을 이끌었다.[8]

사실 '흉측하다' 혹은 '신선하다'는 호불호가 극명하게 나뉜다는 것 자체가 일단 대중의 시선을 사로잡는 데 성공했다는 뜻이다. 극명한 호불호와 찬반양론은 도전적인 건축물을 접하는 대중의 일반적인 반응 중 하나다. 수천 년 역사를 담고 있는 루브르박물관 한복판에 난데없이 자리 잡은 중국 출신 건축가 이오 밍 페이Ieoh Ming Pei의 유리 피라미드를 생각해보라. 파격적 양식의 건축물이 런던이나 파리에 세워졌을 때도 대중의 호불호는 명확했다. 더현대 서울은 새로운 건축 양식, 즉 포스트모던 건축의 선두에 있는 로저스의 작품이자 초고도화된 도시 이미지를 구현한 하이테크 건축물이다. 포스트모던 건축은 '다양성'이라는 주제를 건축적으로 형상화한다. 다양성에 대한 존중과 '도시의 다양성'을 기반으로 세워진 새로운 아이덴티티는 더현대 서울이 추구하는 콘셉트에 결과적으로 부합했다.

설계 당시 회사의 중심 화두는 '미래형 리테일'이었다. MZ세대 타깃은 새로운 것, 신선한 것을 찾는 미래지향적 경향이 있으니 그 눈높이에 맞춰야 했고, 회사로서도 이 프로젝트를 통해 시대적 유행에 다소 뒤처지는 현대백화점의 이미지를 쇄신하고자 했다. 미래형 리테일을 구현하기 위해서는 리테일테크의 도입 등 여러 요소가 필요하지만, 일단 외관부터 기존 백화점과 차별된 새로운 공간을 창조하고자 했다. 일단 더현대 서울의 건축물은 기존 백화점과 절대적으로 다른 파격적 외관을 갖는 데 성공했으니, 내부 역시 그에 못지않은 신선함을 구현해야 했다. 더현대 서울이 추구한 기본 콘셉트는 '파크원 더 포레스트'다. '포레스트forest'는 '숲'의 의미로 고객에게 여유와 휴식을 주는 공간을 지향한다.

백화점 실내에서 숲을 구현한다는 것은 쉽지 않은 작업이지만 그만한 가치가 있다. 녹색식물을 풍부하게 접할 수 있는 환경에서 일하는 사람들은 아파서 결근하는 빈도가 낮고, 스웨덴움살라대학교 연구에 따르면, 식물을 바라보는 행위 자체가 긴장을 풀어준다고도 한다.[9] 숲은 단지 안정을 주는 것이 아니라 치유의 공간도 될 수 있다. 노스캐롤라이나대학교 황지영 교수에 따르면, 치유·휴식·커뮤니티 공간이 오프라인만의 만족감을 높여주며, 소비 행동을 통해 치유 가능한 '리테일 테라피Retail Therapy' 기능을 수행할 수 있다.[10] 나아가 백화점처럼 인공적인 환경에 들어온 숲은 초현실주의적인 미학적 기능마저 수행할 수 있다. 서로 관련이 전혀 없는 공간과 공간이 연결됨으로써 비논리적·초현실적 느낌을 창출하거나 표현하는 사실적 초현실주의 기법을 '데페이즈망Depaysement'이라고 한다.[11] 더현대 서울의 5층 조경은 단지 긴장감을 낮춰 체류 시간을 늘리는 힐링의 기능뿐만 아니라, 공간의 스펙터클을 창출하는 데페이즈망의 기능도 수행한다.

　콘셉트는 등대 역할을 한다. 풍랑을 만나 길 잃은 배가 등대 빛에 의지해 항해하듯, 콘셉트는 고비가 있을 때마다 프로젝트의 방향성을 제시하며 모든 실무자가 나아갈 방향을 안내한다. 자연 친화적 힐링의 이미지를 미래형 백화점의 최첨단 기술과 접목해 거부감 없이 전달하는 것이 무엇보다 중요했다. 공간, MD, 서비스 기획이 동시에 출발하면서도 조화를 이룰 수 있었던 것은 시종일관 '포레스트'라는 콘셉트에 충실했기 때문이다. 실로 콘셉트의 시대다.

03 기본설계: 단점을 장점으로

파크원은 애초에 백화점 용도로 설계된 건물이 아니었다. 인근의 IFC몰을 모티브로 삼아 쇼핑몰 형태로 짓고 분양한 뒤 매장을 만들어 몰로 운영하겠다는 시행사의 계획에 따라 세워진 건물이다. 쇼핑몰을 지으려는 설계를 토대로 2007년에 공사를 시작해서 2010년까지 진행했으나, 부지 소유주인 통일교의 재산 상속 문제로 내부 소송이 불거지면서 공사가 중단되었다. 지하층까지 진행된 공사는 소송이 진행되는 6년간 멈춰 있었고, 2016년에야 소송이 끝나 공사를 다시 시작할 수 있었다. 이때 현대백화점이 출점을 결정하면서 태스크포스가 구성되었고, 새로운 콘셉트에 맞춘 설계와 시공이 진행되었다.

기초공사 자체가 애초에 백화점으로 설계되지 않았고, 그나마도 파크원이라는 대도시 복합단지의 일부로 건설된 탓에 더현대 서울만의 고유성이나 독자성보다는 복합단지의 유기성이 우선한 상태였다. 건축물 자체가 기존 개념의 백화점이 들어서기에는 전혀 어울리지 않았다. 상식선에서 수용 가능한 백화점 모델이 아니라 스타필드 같은 대형 몰 모델이었다. 에스컬레이터, 엘리베이터, 매장 위치, 동선 등 모든 것이 기존 백화점의 효율과 맞아떨어지지 않았다.

일반적으로 백화점 건물을 설계할 때는 기둥 간격을 넓게 잡고, 보이드를 넣지 않는다. 동일 면적에 최대한 많은 브랜드를 입점시켜야 하기 때문이다. 백화점에 브랜드가 입점하는 기준은 비교적 명확하다. 일정 면적과 벽면에 대한 협의를 거쳐 브랜드가 입점한다. 그러나 파크원은 보이드를 중심으로 동선이 이어지고, 그 뒤에 매장이 들어선 형태를 취하고 있었다. 무엇보다 매장이 집중된 층에는 중간중간 기둥이 많아 쉽게 계량화할 수 있는 구조가 나오지 않았다. 지상층을 관통하는 보이드 주변으로 동선이 걸려 있는 상황은 기존의 백화점 모델에 익숙한 MD 입장에서는 난감하기 그지없는 구조였다.

면적 대비 비효율적 공간이 많았고, 고객 동선의 오류도 있었다. 백화점의 매출 공식(브랜드당 매출×365)으로는 도저히 투자수익률이 나오지 않았다. 지하 1층의 경우 보이드는 없지만, 기둥이 곡선형으로 되어 있어 어떻게 해도 기둥이 시야에 걸렸다. 이런 구조적 특성 때문에 입점을 꺼리는 브랜드도 있었다. 태생적으로 '백화점 공식에 들어맞지 않는 백화점'이라는 핸디캡을 가진 파크원 건물은 한계가 분명했지만, 추진을 결정한 이상 '단점을 장점화'하는 방향에 초점을 두고 설계를 변경했다. 백화점이 아닌 몰로 지어진 건축물의 단점을 보완하고, 장점을 최대한 살리는 작업이 본격적으로 시작되었다.

당시 가장 시급하게 해결할 문제는 1층이었다. 1층은 백화점의 얼굴이다. 파크원은 전 층을 통괄하는 보이드가 지하까지 이어진 탓에 1층 바닥이 뚫려 있었는데, 이는 백화점의 정체성을 뒤흔들 만한 중차대한 사안이었다. 최초의 건축 도면에는 1층부터 전 층을 통괄하는 보이드가 지하까지 뚫려 있었다. 이는 두 개의 지하철역과 연계되는 고객 유입 동선을 고려한 것이다. 즉 지하 2층에 여의도역부터 들어오는 연결통로를 만들어 IFC몰과 연결하고, 지하 1층에는 여의나루역에서 연결되는 통로를 구축할 계획이었다. 대중교통 연결 동선을 고려해 1층이 메인 층이 아니라, 지하 1층이 메인 층이 되도록 설계하다 보니 지하 1층부터 보이드가 생기고, 지하 1층을 기점으로 기둥 열들이 전환되면서 6층까지 올라오는 구조가 만들어진 것이다.

보이드가 지하까지 전체를 관통할 경우, 식품관의 시설·설비·위생 등의 문제가 생길 수 있었다. 결국 법에 저촉되지 않는 한도에서 인테리어를 조정하는 협의 끝에 1층까지만 보이드를 두기로 했다. 하지만 문제는 거기서 끝나지 않았다. 통상 백화점은 식품관을 지하 2층, 즉 제일 아래층에 배치한다. 후드와 배기덕트 등 주방 관련 설비의 하중이 상당하기 때문이다. 식품관을 운영하려면 애초에 이 하중을 지탱할 건축 설계가 필요한데, 파크원 건물은 이에 대한 배려가 전혀 없이 식품관을 지하 1층에 두고 있었다. 지하층은 2010년도에 이미 공사가 끝난 상황이었다.

지하 1층을 지탱하는 와이드 보 때문에 식품관을 위한 기본 설비를 배치할 동선이 나오지 않았다. 지하 2층은 RC 구조(콘크리트의 뼈대가 되는 골조에 철골을 사용하는 구조)로 건축이 설계되어 바둑판grid 형태로 기둥이 올라갔지만, 지하 1층은 선형 보이드를 중심으로 기둥이 배치되었다. 즉 기초부터 올라오는 기둥의 위치가 이어지지 않았던 것이다. 지하 1층 선형 기둥의 하중을 이겨낼 기초 보가 필요한 탓에 지하 2층에 와이드 보를 곳곳에 설치해야 했다.

더현대 서울의 층고는 지하 2층이 6.3미터, 지하 1층이 7.4미터, 1층이 6미터, 2~5층이 5.5미터, 6층이 8.1미터다. 층고는 실제 매장의 천장 높이를 결정하는 데 있어 매우 중요하다. 6.3미터 층고의 지하 2층에 식품관을 만들려면 후드·배기덕트·전기트레이·소방배관 등 주방설비를 설치해야 하는데, 이를 다 하면 층고는 2미터 대로 떨어지게 된다. 배기덕트는 크기가 상당하고, 공기를 정화하는 공조기덕트까지 지나가야 하므로 지하 2층에 식품관을 배치하는 것은 불가능했다. 결국 주방설비 하중 문제와 층고 문제로 지하 1층에 식품관을 배치할 수밖에 없었다. 이러한 고육지책 역시 더현대 서울의 큰 장점이 되었다. 젊은 고객은 주로 지하철로 진입하는데, 지하철 역사와 연결되어 고객이 처음 발길을 들이는 지하 2층을 MZ세대의 시그니처 공간으로 자리 잡게 해준 것이다.

1층의 구멍을 메우고, 식품관이 될 지하 1층의 하중을 보강하고, 공조시스템을 재정비하는 등 시행사와 마찰을 감수하고 큰 비용을 들이며 설계를 변경해나갔다. 시행사가 쇼핑몰로 건물을 올린 뒤 칸으로 쪼개 분양할 요량이었기에, 전체 공조시스템도 마련되어 있지 않았다. 예를 들면 각 매장이 에어컨이 아니라 FCU 냉매를 사용하고 최소 환기의 공조기만을 돌리는 시스템이었다. 이는 아주 오래된 건물에서 사용한 방식으로, 백화점에서는 도저히 쓸 수 없는 냉난방 시스템이었다. 어쩔 수 없이 큰 비용을 들여 FCU 방식을 'AHU'라고 하는 전공조 방식으로 전체 변경해야 했다.

심지어 에스컬레이터도 지하주차장과 연결되어 있지 않았다. 지상 4층에서 5층으로 올라가는 중앙 에스컬레이터도 없었고, 5층에서 6층의 식음료 공간인 플로팅 아일랜드와 이탈리 방향으로 올라가는 에스컬레이터도 없었다. 몰이나 일반 건물에서는 엘리베이터가 효율적인 이동수단이지만, 백화점에서는 고객이 대부분 에스컬레이터를 이용한다. 당연히 불편이 예상되어 정문·후문·중앙 세 군데에 동선을 정비해 에스컬레이터를 신규 설치했다. 몰의 동선을 고려해 배치된 엘리베이터도 백화점 모델에 적합하게 새로 만들었다.

현대백화점은 이미 지어진 건물을 임차해 사용한 적은 있으나 공사가 끝나지 않은 신축 건물을 설계 변경해 사용한 적은 없었다. 시행사가 곧 건축주인 상황에서 설계를 변경한다는 것은 곧 공사비용의 증가를 의미한다. 시행사가 임대차 계약서에 기재되지 않은 요구사항을 들어줄 리 만무했다. 현대 측은 막대한 비용을 감수하며 백화점 용도에 걸맞게 건물 설계를 변경했다. 이런 설계 변경은 본사 설계 담당자와 'HCDM'이라는 시설 전문회사의 주도면밀한 검토를 통해 이루어졌다.

사실 이러한 변경은 비용만의 문제는 아니다. 의지의 문제다. 고객 페르소나에 부합하는 공간 조성을 제1원칙으로 하겠다는 결단이 중요하다. 그 결단을 실행하기 위해 내부적으로 끊임없이 고민하며 도면 수정 설계안을 발전시켰다. 설계 변경은 총 4차에 걸쳐 진행되었다. 2016년 말에 1차로 설계 변경요구서를 보냈고, 다음에 2017년 8월 30일에 1차 MD 기본계획을 전달했다. 2018년 11월에 설계 변경 협의가 이루어졌다. 그 사이에는 3차, 4차 설계 변경서를 전달했다. 최적화된 설계 변경을 진행하는 데 약 2년이 소요되었다. 주어진 조건이 최선이 아니라면 차선을 위해 달려야 했다.

역설적이게도 여러 가지 핸디캡은 성공의 동력이 되었다. 현재 대중이 열광하는 더현대 서울의 포인트들은 대부분 문제점을 극복하는 과정에서 만들어진 것이다. '매장의 50퍼센트를 고객 공간으로 만들었다'라고 널리 알려졌지만, 건축 구조상 비효율적인 공간을 고객 쉼터로 돌려주는 것이 가장 합리적이기에 내린 결정이었다. 기둥을 없애는 공사를 하지 않음으로써 돈을 아끼려고 한 것이 아니라, 고객의 페르소나를 존중하여 그 공간에 더 머무르게 하는 것이 건축 비용을 절감하거나 매장을 늘려 매출을 늘리는 것보다 더 큰 이익을 줄 것으로 판단했다는 점이 인상적이다.

보이드에 비해 매장 수가 줄어들면서 새로운 문제도 등장했다. 많은 인파가 몰리다 보니 대기시간이 크게 늘어난 것이다. 코로나 기간이라 줄서기의 거리도 크게 늘려야 했다. 그래서 키오스크로 연락처를 남기면 문자로 예상 대기시간과 입장 알림을 받을 수 있는 시스템을 도입했는데, 호평을 받은 이 대기 시스템도 코로나19라는 핸디캡이 없었다면 이룰 수 없는 성취였다. 핸디캡을 극복하기 위한 모든 시도가 '더현대 서울다움'을 만들었다. 몰 특유의 장점과 전통 백화점의 혁신이 맞아떨어져 최신의 모델로 거듭난 것이다.

04 인테리어: 통일되면서도 다양하게

백화점의 차별화 요소를 만들어내는 것이 공간이라고 했을 때, 그중에서도 핵심은 역시 구매가 이뤄지는 실내공간을 직접적으로 구현하는 인테리어다. 확실한 취향을 보여주는 MZ세대의 페르소나 공간이 되기 위해서는 단지 큰 스케일과 파격적인 스타일만으로는 부족하다. 인테리어에서도 명확한 정체성이 필요하다. 전술한 더현대 서울의 콘셉트 '포레스트'를 실내디자인에 구현하기 위해서는 특별한 시도가 필요했다.

가장 먼저 주목할 점은 점은 인테리어 설계 시점이다. 일반적으로 건축이 완비된 후 인테리어를 진행하지만, 더현대 서울은 달랐다. 인테리어 설계를 먼저 진행한 것이다. 이것은 건축 설계와 공용부 인테리어가 상충해 인테리어가 구현하고자 하는 요소를 건축적으로 방해하지 않고, 나아가 적극적으로 구현하기 위한 결정이었다. 더현대 서울의 인상을 결정하는 가장 중요한 공간인 1층의 상징은 거대한 폭포인데, 이러한 방식이 아니었다면 가능하지 않았다. 폭포를 만들 것을 먼저 결정하고, 건축 설계 단계에서 그 하부를 지탱할 만한 기초 작업을 해주었기 때문이다.

하나의 콘셉트를 일관되게 가져가는 것은 중요하지만, 그것이 더현대 서울처럼 넓은 공간에서 반복되면 자칫 고객에게 지루함을 줄 수 있다. 더현대 서울은 이 문제를 주요 영역마다 건축설계사를 달리함으로써 해결했다. 더현대 서울은 흔히 '아홉 개의 건축설계사'가 함께 만든 작업물로 유명하다. 아홉 개 설계사가 협력했다고 하지만, 층별로 설계사가 다른 탓에 영역을 세분화하면 실제 협력사는 수십 개에 달한다.

메인 설계사는 두 곳이었다. 입찰을 통해 칼리슨 알티케이엘 Callison RTKL과 버디필렉 Burdifilek을 선정했다. 칼리슨은 전관을 맡아 새로운 미래형 백화점 콘셉트를 풀어가는 데 주력했고, 캐나다 명품 백화점 설계 경험이 풍부한 버디필렉은 2~4층 중앙 이너존, 보이드, 워터폴의 디자인을 주도했다. 캐나다 디자인 회사인 버디필렉은 심플하고 모던한 크리에이티브 공간 구성에 강점이 있는 회사로 다양한 브랜드가 공존하는 2~4층을 특화할 적임자였다. 더현대 서울은 버디필렉의 의견을 100퍼센트 수용했다. 브랜드 간 물리적 벽을 없애고, 브랜드의 색깔이 배제된 공용 인테리어 공간에서 상품을 진열해 판매하는 '보더리스 borderless' 개념의 이너존 편집형 매장은 그렇게 가능했다. 중앙 이너존의 조닝과 인테리어뿐 아니라, 상품 중심의 편집형 매장을 만들기 위해 의류·신발·화장품 등 실제 판매할 상품군을 선정하고, 그에 부합하며 공간에 맞는 집기까지 버디필렉이 일관성 있게 디자인했다.

1층은 영국의 캐스퍼 뮤엘러 니어^{Casper Mueller Kneer, CMK}사가 설계를 담당했다. 시엠케이는 셀린느 명품 매장 설계를 주로 한 회사인데, 총천연색의 대리석을 섞어 바닥 패턴을 강조해 셀린느 매장에 새로운 숨결을 불어넣은 것으로 유명하다. 현대백화점 지점 대부분은 1층에 하얀 대리석이 깔려 있는데, 무채색 특유의 시각적 쾌적함은 확보할 수 있으나 지루하다는 느낌을 줄 수 있었다. 더현대 서울의 젊은 감각을 구현하기 위해서는 시엠케이가 1층 설계의 적임자였다. 반면 6층 식당가는 시나토^{Sinato}라는 설계사가 참여했는데, 식물과 나무를 과감하게 적용할 수 있는 역량을 높게 평가받았다. 화제의 지하 2층은 신촌점 등에서 MZ세대 타깃 공간을 설계한 국내 설계사 '비트윈^{Betwin}'이 담당했다. 그리고 지하 1층 식품관은 특급호텔 설계로 유명한 '계선'이 담당했다.

백화점에서 가장 내밀하면서도 화려한 공간은 VIP 라운지다. 일반 고객은 접근이 어려울 뿐만 아니라, 그곳을 이용하는 VIP들에게 특별한 느낌을 주어야 하기 때문이다. 백화점의 VIP 고객 중요성은 매우 크다. 명품 비중이 높은 갤러리아 명품관의 경우, 연간 2000만 원 이상 VIP 매출 비중이 전체 매출의 40퍼센트를 차지한다고 한다. 최근 백화점의 럭셔리 매출이 오르면서 등급 기준액도 높아지고 있다. 신세계의 '트리니티', 롯데의 '에비뉴엘', 현대의 '쟈스민블랙' 등 각 백화점에서 가장 높은 등급에 들어가려면 2억 원 넘는 구매실적을 충족해야 할 것으로 업계는 추산한다. 백화점 명품 매출에서 MZ세대가 차지하는 비중은 국내 3사 모두 대략 45퍼센트 내외인데,[12] 예전에는 의사, 변호사 등 전문직 종사자가 많았다면, 요즘에는 유튜버, 유명 강사, 스타트업 창업가 등 직종도 다양해지고 연령도 낮아지면서 VIP 페르소나 역시 매우 복잡해지고 있다.

현대백화점 판교점과 더현대 서울은 각각 두 개의 VIP 라운지를 가지고 있다. 기존의 VIP 라운지 외에 '와이피 하우스YP HAUS'라는 39세 이하의 MZ세대 VIP 전용공간을 따로 마련한 것이다. 더현대 서울의 와이피 하우스는 최근 상한가를 달리고 있는 스페인의 산업디자이너 하이메 아욘Jaime Hayon이 맡았다. 현대프리미엄아웃렛 '스페이스원' 3층의 '모카가든'을 설계하며 현대백화점그룹과 함께 작업했던 그는 다른 유사공간과 확연하게 구별되는, 개성 넘치는 예술적 인테리어를 구현했다. 와이피 하우스는 공간만 차별화한 것이 아니라, 회원만을 위한 구매 혜택, 파티, 이벤트 등의 서비스를 제공해 멤버십의 '자부심'을 느낄 수 있도록 독려한 것이 핵심이다. 사실 이러한 배려 역시 VIP만의 문제는 아니다. 단골과 충성 고객을 위해 그들만이 갖고 있는 페르소나를 만족시킬 공간 전략을 실행했다는 사실이 중요하다.

2030 VIP 전용공간, 와이피 하우스

05 조경: 새가 날아들다

인테리어의 요소는 레이아웃, 컬러, 그래픽, 마감재, 조명, 사이니지 등 매우 다양하다. 하지만 조경은 주로 건물 외부의 문제였기 때문에 인테리어 측면에서는 잘 다뤄지지 않았다. 그런데 더현대 서울은 인테리어 요소로 조경이 매우 강조되었다.

『트렌드 코리아 2022』에서도 강조했듯이 '러스틱rustic', 즉 다소 소박하고 투박한 디자인이 요즘 주목받고 있다.[13] 자연 친화적인 라이프스타일에서 자신의 취향과 정체성을 구하는 사람들이 늘어난 것이다. 더현대 서울은 이러한 페르소나에 걸맞으면서 트렌디하고 개성 있는 실내공간을 만들어줄 인테리어 디자인을 위해 브레인스토밍을 거듭한 끝에, 실내에 정원을 만들기로 결정했다. 여의도의 생태 숲을 닮은 실내 정원을 만들고, 여기에 프리미엄 고객의 니즈를 반영해 파리의 그랑 팔레에서 모티브를 얻은 파고라 구조를 더하는 새로운 개방 공간을 구현하고자 했다.

더현대 서울의 조경은 규모나 내용 면에서 모두 압도적이다. 마치 바깥에 나온 듯, '실내'라는 제약을 넘어 자연을 만끽할 수 있는 공원 같은 휴식 공간을 조성했다. 사운즈 포레스트, 워터폴 가든, 6층의 파고라, 테이스티 서울Tasty Seoul 등 더현대 서울의 개성 있는 공간은 모두 조경을 테마로 하고 있다.

실내 정원에서 자연의 느낌을 제대로 살리기 위해 가능하면 인조품이 아닌 생화와 생목을 사용했다. 더현대 서울의 가장 상징적 공간인 5층의 '사운즈 포레스트'에는 모두 43주의 생목과 20여 종의 초화류가 자라고 있다. 사운즈 포레스트의 키워드는 '아웃사이드 인outside in'과 '보더리스'다. 실외에서 할 수 있는 경험을 실내에서 느낄 수 있도록 하고, 인공과 자연 그리고 다양한 요소의 경계를 넘어설 수 있게 하자는 취지다. 4미터 이상의 실제 나무와 12미터의 폭포, 바위 등 방대한 스케일의 외부 자연물을 실내에 들인 것도 이런 콘셉트에 따른 것이다.

하지만 그 실현과 유지에는 많은 문제가 따랐다. 화물 엘리베이터가 수용할 수 있는 나무 높이의 마지노선은 4미터 남짓이었는데, 실내 층고가 너무 높아 4미터 나무로는 울창한 숲의 분위기를 충분히 내기 어려웠다. 현실적으로 타협 가능한 수준에서 자연스러운 숲의 느낌을 내는 데 주력하기로 했다. 하중을 고려하면서 최대한의 나무들을 심었고, 새소리와 같은 자연의 소리를 환경음악ambient music으로 활용했다.

그뿐만이 아니다. 처음부터 조경공간으로 설계되지 않다 보니 나무를 심기 위한 토심을 확보하면서 바닥 높이가 60센티미터 높아졌다. 결국 주변 보이드 유리 난간을 법적 기준보다 높은 140센티미터 높이로 제작했음에도 안전 문제가 발생했고, 고심 끝에 사운즈 포레스트의 환경에 어울리는 디자인의 철제 프레임을 추가하면서 문제를 해결했다.

이러한 노력 끝에 방문객들이 가장 사랑하는 공간이 된 사운즈 포레스트는 실외 공원 부럽지 않은 러스틱 라이프를 경험하게 해주고 있다. 더현대 서울의 고층은 환기 용도로 창문을 개방할 수 있는데, 어느 날 환기차 열어둔 창문으로 새가 들어오는 소동이 벌어지기도 했다고 한다.

생화와 생목 덕에 새가 들어오는 기분 좋은 에피소드는 생겼지만, 사실 대규모 실내공간을 살아 있는 식물로 채워 유지하고 관리하는 일은 보통 문제가 아니다. 많은 일이 그렇듯 조성보다 유지, 관리가 더 어렵다. 식물은 원래 살던 자연을 떠나 실내로 들어오면 몸살을 앓는다. 식물이 몸살을 이기지 못해 일부는 잎이 떨어지거나 상태가 눈에 띄게 나빠지기도 한다.

결국 살아 있는 조경을 최상의 상태로 관리하기 위해 식물의 건강을 책임지는 상주 직원 세 명을 고용했다. 현대백화점은 더현대 서울 오픈 전인 2019년에 조경 콘셉트 담당자와 시공 전문가를 채용했다. 모두 본사 디자인팀 소속이었다. 이전부터 '하늘정원'을 꾸미는 등 워낙 조경에 관심이 많기도 했지만, 하이테크와 자연의 공존을 그리는 더현대 서울의 콘셉트상 실제 자연을 보여주는 공간의 규모가 막대해 전문적인 관리가 필요했다. 많은 난관을 극복하고 조경을 인테리어 요소로 적극 도입해 핵심 콘셉트인 '포레스트'를 실제 구현한 것은 더현대 서울 실내공간의 주목할 만한 성취라고 평가할 수 있다.

자연 채광이 들어오는 천창 아래 위치한 실내 녹색 공원 '사운즈 포레스트'
© KYUNGSUB SHIN

머천다이징

: 오직 거기에서만

PART 3

MERCHANDISING

앞선 파트에서 상품·브랜드 구성이 비슷비슷해지면서 백화점 차별화 요소로 공간의 역할이 중요해졌다는 점을 지적한 바 있다. 하지만 공간의 효용은 구축에서 끝나는 것이 아니라 활용으로 완성된다. 상업공간은 상품을 판매해야 존재 의의를 가질 수 있다. 따라서 어떤 상품을 판매할 것인지 기획하고, 매입하여, 진열하는 일은 여전히 소매업의 본질이다. 유통의 핵심 경쟁력은 '오직 거기서만 살 수 있는 아이템'이다. 대형마트가 죽어간다고 하지만, 양재동의 코스트코는 연일 발 디딜 틈 없이 붐빈다. 저렴한 유통점 자체 개발 브랜드 Private Brand, PB 커클랜드Kirkland를 비롯해 그곳에서만 구매할 수 있는 상품 때문이다. 비슷비슷하지 않은 상품과 브랜드를 유치하는 것은 점포의 경쟁력을 좌우하는 핵심적인 요소다. 더현대 서울 역시 공간의 페르소나화에 걸맞은, 오직 그곳에서만 만날 수 있는 브랜드 확보가 관건이었다.

더현대 서울에 공간기획이 전례 없었던 것만큼 머천다이징 Merchandising 역시 중요한 과업으로 주어졌다. 머천다이징이란 유통업체가 판매가 잘 될 것으로 판단되는 제품들을 매입한 뒤, 이를 진열하고 고객에게 판매하는 활동을 의미한다. 사실 유통공간을 마련한 후에 발생하는 '고객 분석 → 상품 매입 → 물류 관리 → 가격 설정 및 할인 → 진열 및 판매 준비 → 광고 및 판촉 실행 → 재고 처리'에 이르는 판매를 위한 거의 모든 활동이 머천다이징에 해당한다.[1] 실무에서는 보통 MD라고 약칭하는데, '상품 매입'에 초점을 맞추는 예도 있고, 경우에 따라 공간에 입점한 브랜드 업체를 MD라고 부르는 예도 있다. PART 3에서는 더현대 서울의 머천다이징 전략을 고객 분석(타깃 분석), 브랜드 소싱, 상품 분류와 진열(그루핑, 조닝), 고객 동선 설계(레이아웃), 전시(비주얼 머천다이징), 팝업매장 운영, 고객 응대와 서비스 등으로 나눠 살펴보도록 한다.

01 고객 분석: 다양해지는 MZ고객 페르소나

프롤로그에서 전술했듯이 2012년 이후 백화점은 성장의 정체를 세계적으로 경험하고 있다. 여기에는 장기적 저성장, 근거리·소량 구매의 확산, 신세대 소비자의 등장 등 다양한 원인이 복합적으로 작용했지만, 역시 온라인 유통의 약진이 가장 주요한 원인이다. 오프라인 매장에서 상품을 비교하고, 온라인 상점에서 최저가로 상품을 구매하는 '쇼루밍' 쇼핑이 확산하면서, 백화점은 이제 온라인의 쇼룸으로 전락하는 것이 아닌가 하는 우려가 팽배해지고 있다.

이러한 시대에 공간 비즈니스의 성패는 소비자들을 환상의 세계로 들어가게 해주는 페르소나 공간을 어떻게 운영하고 관리하는가에 달려 있다. 그러려면 입점 점포 각각의 효율성과 가성비가 아니라, 공간 전체의 총체적인 브랜딩 관점에서 타깃 고객의 정체성과 취향에 어울리도록 전략적으로 공간을 운영해야 한다. 뉴리테일 시대의 머천다이징이란, 개성 넘치는 공간에 걸맞은 정체성 분명한 상품 구색을 백화점 고객 페르소나의 장소성 요소로 기능할 수 있도록 만들어주는 것이다.

차별화되는 머천다이징을 위해서는 여러 차례 강조했듯이, 타깃의 확정에서 출발해야 한다. 더현대 서울이 글로벌 MZ세대를 타깃으로 하고 있으므로 머천다이징 역시 그들의 페르소나에 맞춰 진행되는 것은 당연한 일이다. 그러자면 먼저 이 젊은 고객의 특성을 이해하는 일이 중요하다.

그들은 누구이며, 그들이 열광하는 브랜드는 무엇인가?

MZ세대는 급속도로 떠오르는 소비자들이다. 글로벌 컨설팅기업 베인앤드컴퍼니에 따르면, 패션·잡화·보석 등 세계 개인 명품 시장에서 20대 초반에서 10대를 아우르는 Z세대 비중이 2019년 8퍼센트에 불과했지만, 2020년 17퍼센트로 두 배 이상 커졌다. 20~30대가 주축인 밀레니얼 세대 비중은 36~46퍼센트로 거의 절반에 육박한다. 2025년에는 개인 명품을 사는 10명 중 7명은 40세 이하일 것으로 전망하고 있다.[2]

코로나 사태 이후 사치품, 소위 '명품' 수요가 특히 젊은 소비자층을 중심으로 폭발적으로 증가하고 있다. 백화점의 명품 매장 앞에는 언제나 긴 줄이 이어진다. 이러한 현상을 코로나로 해외여행을 가지 못해 그 비용을 명품 쇼핑에 사용하는 '보복 소비' 때문이라고 해석하는데, 잘못된 설명은 아니지만 전체를 조망하지 못한 다소 부분적인 설명이다.

사치품 소비의 증가는 여러 요인에 따라 영향을 받는다. 1997년의 IMF 금융위기, 또 2008년의 세계 금융위기가 닥친 시기에 명품 매출이 크게 증가한 바 있다. 이러한 시기에 명품 소비가 급증하는 이유는 소득 양극화도 심해지고, 급격한 경제적 충격이 사람들의 저축과 소비심리에 일종의 허무주의적 사고를 불러일으키기 때문이다. 2020년 이후 지속된 코로나 팬데믹 사태는 경제위기급의 소득 양극화와 소비 가치관의 변화를 불러일으켰는데, 이 변화가 명품열풍의 한 동력이었던 것으로 보인다.

최근에는 특별한 이유도 추가되었다. SNS의 발달로 '자랑할 수 있는 특별한 상품'에 대한 수요가 크게 늘었고, 중고거래 플랫폼의 활성화로 쉽게 '리셀resell, resale', 즉 되파는 행위가 가능해졌다. 이자율은 낮고 유동성은 풍부해 각종 자산의 가격이 오르는데, 명품 브랜드는 가치가 떨어지지 않는 자산의 기능마저 수행하고 있다. 사회 양극화가 심해져서 고가품을 구매할 수 있는, 소위 '영 앤 리치'라고 부르는 젊은 소비자군이 두터워졌다. 최근 MZ세대가 미술품 시장에 큰 관심을 보이는 것도 같은 맥락이다. 흔히 "럭셔리의 끝은 아트"라고 하는데, 예술에 관심을 보이는 영 앤 리치가 늘고, 내가 산 그림이 SNS상에서 인증요소로 떠오르고 있으며, 투자대상으로서 미술품의 가치도 인정받고 있다.[3] 한마디로 말해 명품 소비자의 페르소나가 매우 다양해진 것이다.

팬데믹 시기 사치품, 예술품 시장의 성장 원인을 종합적으로 파악하는 것은 중요하다. 단지 사회적 거리두기의 영향이라면 코로나 이후 명품 시장은 다시 예전 수준으로 돌아가겠지만, 여러 복합적인 요인들에 기인한다면, 해당 요인이 변화되지 않는 한 시장은 계속 성장할 것이기 때문이다. 백화점의 미래는 사치품(럭셔리)과 예술품(아트)이 좌우할 것이다.

그동안 백화점의 핵심상품이라고 할 수 있는 '명품'의 시장 구분 segmentation은 전통적인 브랜드의 위계를 따르고 있었다. 합리적인 가격을 선호하는 소비자를 위한 '대중적 명품', 자신만의 스타일을 추구하며 브랜드를 갖고 싶어 하는 소비자를 겨냥한 '이상적 명품', 에르메스와 샤넬처럼 가격이 아무리 비싸도 브랜드를 사는 소비자를 주 고객으로 하는 '절대 명품'으로 구분되었다. 하지만 럭셔리 소비자가 젊어지고, 특정 유형으로 한정하기 어렵게 되면서 명품 업계도 신분제처럼 굳건했던 '가격 계급'을 스스로 허물고 있다. 같은 브랜드 안에서도 십만 원대에서 수천만 원대까지 가격대를 다양화하는 현상이 뚜렷하다. 일례로 초고가로 유명한 에르메스의 스카프와 주얼리 중에는 100만 원 이하의 상품도 있다.[4]

명품 고객의 페르소나가 젊어지면서, 최근 보수적인 명품업계에서도 전통적 브랜드를 벗어나는 MZ세대만의 명품이 새로 떠오르고 있다. 스톤아일랜드를 비롯해 여우 얼굴 로고로 알려진 메종키츠네, 독일군 스니커즈로 유명한 메종마르지엘라, 프랑스어로 '친구'라는 의미를 담고 있는 아미 등이다. 이들은 그저 값만 비싼 상품은 아니다. 디자인에 특유의 감성이 담겨 자유로우면서도 개성적인 이미지를 강조한다. 브랜드마다 추구하는 철학이 제품 디자인에 반영되어 있으므로, 어떤 브랜드를 착용하는지에 따라 소비자 개인의 색채가 다르게 발현된다. 예컨대 르메르는 '절제된 편안함', 아미는 '단순한 활력', 메종키츠네는 '세련된 발랄함'을 표현하기 때문에 소비자의 개인적 취향이 옷을 통해 드러난다.[5]

젊고 새로운 소비자들은 분명한 '정체성'을 가진 브랜드를 선호한다. 『골목길 자본론』을 쓴 모종린 교수는 새롭게 떠오르는 이 '젊은 세대'는 정체성의 욕구가 유난히 강하다고 강조한다. 이들은 하나같이 "자신에게 충실하고 좋아하는 일을 하고 싶다"라고 말한다.[6] 이러한 고객 특성에 맞춰 더현대 서울도 타깃 소비자들이 페르소나의 동일성을 느낄 수 있는 새로운 브랜드를 입점시켜 공간에 생기를 부여하고자 했다. 특히 지하 2층은 브랜드 시장에서 새롭게 떠오르는 소비자 집단인 'MZ세대'에 특화된 공간인 만큼, 이들의 니즈에 부합하는 브랜드를 유치하고자 총력을 기울인 결과로 탄생했다.

02 브랜드 소싱 : 개성과 매출의 역할 분담

기존 백화점과 차별화되고, MZ세대가 열광할 수 있는 상품과 브랜드를 유치하기 위해서는 무엇이 필요한가? 브랜드의 입점을 결정하고 상품을 매입하는 것을 '소싱sourcing'이라고 하는데, 백화점의 브랜드 소싱하면 먼저 떠오르는 것이 전술한 럭셔리 브랜드다. 특히 앞서 언급한 '절대 명품' 브랜드가 중요하다. 속칭 '에루샤'로 일컬어지는 에르메스·루이비통·샤넬 3대 브랜드는 입점이 까다롭기로 유명하며, 해당 백화점의 수준을 정하는 척도의 하나로 여겨질 정도다. 신세계백화점 강남점과 센텀시티, 롯데백화점 본점, 현대백화점 압구정 본점과 판교점 등 연매출 1조 원이 넘는 대형 지점에는 에루샤를 필두로 다양한 해외 럭셔리 브랜드가 입점해 있다.[7]

하지만 더현대 서울은 MD의 관점에서는 아직 A급 백화점이 아니다. 기존의 유명 명품 브랜드가 충분히 입점하지 않았기 때문이다.

중고거래 플랫폼 번개장터는 더현대 서울에 첫 오프라인 매장을 오픈했다.

아직은 입점 브랜드의 완결성을 향해 나아가는 단계에 있다. 이는 서론에서 언급했듯이 백화점 설립 기획 초기에 여의도 상권에 대한 우려가 컸으므로, 에루샤 같은 콧대 높은 명품은 물론이고, 기존의 현대백화점 거래 브랜드들도 상당수 입점을 꺼렸기 때문이다. 이러한 이유로 개점 초기 더현대 서울이 부진할지도 모른다는 염려도 작지 않았다. 하지만 새롭고 개성 있는 브랜드의 유치를 통해 이런 약점을 극복했다.

더현대 서울에는 기존 백화점은 물론이고 다른 현대백화점에서 볼 수 없는 브랜드가 많다. 익숙한 브랜드를 버리고, 새로운 브랜드와 상품군을 기획하는 데 공력을 모았기 때문이다. 실무자들은 패션지와 온라인 뉴스 등을 탐독하며 새로운 브랜드를 연구했고, 바이어들과 매주 한 번씩 스터디를 진행했으며, 바이어별로 영역을 할당해 브랜드 담당자들을 접촉했다.

이 과정에서 백화점 최초 입점 상품군이 여럿 개발되었다. '영레저'라고 네이밍한 감성캠핑, '번개장터BGZT'로 대표되는 빈티지 스니커즈, '쿠어' 등의 영맨 미니멀 캐주얼 등은 기존 백화점에는 없던 새로운 장르다. 특히 번개장터는 기획의 허를 찌른 신선하고 대담한 아이템이었다. 사실 중고시장은 국내외에서 빠르게 성장하고 있다. 우리나라에서도 당근마켓을 위시해 중고거래 플랫폼이 빠르게 확산하고 있고, 미국에서도 중고 의류 온라인 플랫폼 스레드업thredUP이 조 단위 매출을 올리며 나스닥에 상장될 정도로 성장했다. 그런데도 신품新品을 거래하는 백화점 내에 중고거래 매장을 입점시킨다는 것은 매우 전례 없는 시도였다.

이 '처음' 해보는 시도는 매우 의미 있다. '포지셔닝'이라는 개념을 만들어낸 알 리스^Al Ries^와 잭 트라우트^Jack Trout^는, 소비자 뇌 속을 최초로 선점하는 것은 포지셔닝에 결정적이라고 이야기한 바 있다. 최초 선점에 성공한 지도자가 된다면 "우리가 최고다"라고 굳이 말하지 않아도 시장에서 그렇게 인지되며, 경쟁자가 그 인식을 뒤집는 것이 상당히 어렵다.[8] 더현대 서울은 최초의 상품군들을 개척함으로써 소비자들에게 전에 없던 젊은이의 백화점이라는 포지셔닝을 성공적으로 인식시킨 셈이다. 여러 제한적 상황으로 기존 유명 브랜드를 유치하지 못하고 MZ세대 감성의 신규 MD를 소싱한 것은 결과적으로 상품 측면에서 더현대 서울을 페르소나 공간화하는 데 큰 기여를 했다.

식품 브랜드도 마찬가지였다. '전에 없던' 브랜드를 개발하기 위해 노력했다. 미국 드라마 「섹스 앤 더 시티」 속 주인공들이 즐겼던 컵케익으로 잘 알려진 매그놀리아를 론칭하며 큰 화제를 불러일으켰던 현대백화점 판교점처럼, 더현대 서울에서도 신생 해외 브랜드를 소개하며 차별적인 식품관을 구성하고자 기획했었다. 하지만 코로나19 때문에 해외 브랜드 유치가 대부분 성사되지 못했다. 브랜드를 유치하려면 해당 국가를 임원급 이상의 경영진이 방문해야 하는데, 자가격리 등의 요건을 충족하려면 한 달 이상의 공백이 생겨 실질적으로 진행하기 어려웠기 때문이다.

이를 만회하기 위해 다양한 판로를 개척해 새로운 국내 브랜드를 소개하는 것으로 보완하고자 했다. 상품본부가 입점 브랜드를 우선 선별하고, 그 외 내부 구성원들이 수차례 검증하며 브랜드 선정의 완성도를 높였다. 화제성이 큰 로드숍 브랜드들을 우선 섭외했고, 기존에 백화점에 입점한 브랜드는 새로운 콘셉트로 단장하거나 리브랜딩하는 조건으로 입점을 허락했다. 지하 1층에서 가장 반응이 좋은 식당 중 하나인 '호우섬'이 그 사례다.

호우섬은 '차이797'라는 중식당이 리브랜딩한 브랜드인데, 더현대 서울에서 호우섬 1호점이 성공함으로써 신세계백화점 대구점에 이어 오픈하고, 2, 3호점을 늘려가는 중이라고 한다. 그 외에도 SPC에서 운영하는 고급 브랜드 '파리크라상'이 백화점 최초로 입점했고, 수제 양갱 브랜드 '금옥당', 모나카로 특화된 베이커리 '태극당'이 입점하며 이슈 몰이에 성공했다. 카페 '레이어드' 역시 많은 관심을 받고 있다.

식품 영역의 브랜드 교체 주기를 3~4개월 단위로 정했는데, 새로운 트렌드를 적극적으로 반영하기 위함이다. 실제로 개점 이후 여덟 개의 브랜드가 바뀌었다. 테넌트 형식으로 기존 브랜드를 리브랜딩해 입점한 업체도 있었다. 예컨대 서울의 유명 우대갈빗집 '몽탄' '금돼지식당' '뜨락' 등 세 개 브랜드의 대표가 의기투합해 새로운 브랜드를 만들기도 했다.

개성과 취향 가득한 마이너 브랜드도 있어야 하지만, 그럴수록 실제로 매출을 만드는 대형 브랜드가 더욱 필요하다. 더현대 서울은 2021년 오픈 첫 해에 6637억 원의 매출을 기록하며 당해 백화점 매출 순위 16위에 올랐다.[9] 화제만 만발했지 실제 매출은 빈약할 것이라는 일부의 우려를 깨끗이 씻어낸 것이다. 이러한 매출의 약진에는 흔히 대물*物이라고 불리는 가전제품과 가구류의 기여가 상당했다. 예컨대 백화점 최초로 대형 플래그십 매장으로 들어선 삼성과 LG의 오픈 매출이 각각 200억 원을 달성하며, 총 400억의 매출을 기록했다. 기존에 없던 스케일의 매출이었다. 사실 백화점 최초 가전 전문관은 입점사 입장에서도 도전이었다. 두 기업과 원활하게 협업하지 못했다면 이러한 성과를 내기 어려웠을 것이다.

03 파트너십: 상생에서 성장으로

개성과 매출의 밸런스가 중요해지면서, 백화점 브랜드 소싱에서 중요해진 것이 '파트너십'이다. 매출파워가 센 브랜드에는 더 많은 면적을 내주고 요구사항을 적극적으로 수용해야 하며, 매출파워는 약하지만 작고 개성 있는 브랜드는 입점을 설득하고 서로 학습하며 성장해야 한다. 예전에는 소위 '갑'이라는 대형 유통사의 파워로 입점 업체 '을' 위에 군림했지만, 이제는 백화점과 입점 업체는 갑을관계를 벗어나 협업 관계를 유지하는 것이 중요하다.

한때 백화점 입점 계약이 '갑질'의 상징 같았던 적이 있었다. 높은 수수료, 마케팅비용의 전가, 과도한 인테리어 비용 등… 이런 좋지 않은 관행이 사회적 문제가 되면서 국내 백화점은 이러한 문제를 개선하기 위해 나름의 노력을 기울였다. 즉 갑질에서 '상생'으로 강조점을 바꾼 것이다. 이때 상생이란 입주 업체를 배려하는 개선된

계약조건을 의미한다.

사실 현대백화점도 오래전부터 상생 관계를 만들기 위해 노력했다. 코로나19 확산 초기인 2020년 3~4월에 어려움을 겪고 있는 중소기업 브랜드 매장 관리 매니저 3000여 명에게 100만 원씩, 총 30억 원을 지원한 바 있으며, 매장 내 중소 식음료 매장의 수수료와 전문식당가 관리비를 감면하고, 중소 협력사에는 5개월간 납품 대금을 선지급했다. 당시 매우 선제적이고 전례 없는 시도로 협력사·입점사와 고통을 분담하고자 했다.[10] 일련의 노력을 인정받아 백화점업계 최초로 '2021 지역사회공헌 인정제' 인정기업으로 선정된 적도 있다. '지역사회공헌 인정제'는 보건복지부와 한국사회복지협의회가 공동 주관하는 제도로, 지역사회, 비영리단체와 파트너십을 맺고 지속적인 사회공헌 활동을 펼치는 기업과 기관에 주어지고 있다.[11]

하지만 이제는 이런 '상생' 개념을 넘어서는 입점사와의 관계가 필요하다. 트렌드가 격변하는 뉴리테일 시대에, 고객의 발길을 잡을 수 있는 페르소나 공간이 되기 위해서는 입점사와 함께 학습하고 같이 성장하는 시너지 있는 파트너십이 필요해진 것이다. 그런데 입점 기획을 담당했던 실무 팀장들의 인터뷰 발언은 다소 의외였다.

"(입주 업체를) 어차피 모시는 입장이니까 '하시죠, 해보시죠'
라고 할 수밖에 없는 거죠."
"인테리어는 저희 비용으로 다 해드렸죠."
"이번에 (작은 입점 브랜드에서) 저희도 많이 배웠습니다."

책, 와인, 주방용품까지 다양한 제품을 레트로 스타일로 담아낸 나이스웨더

앞서 더현대 서울의 새로운 정체성에 맞는, MZ세대가 열광할 만한 국내의 새로운 브랜드를 입점시키기 위해 큰 노력을 기울였다고 언급한 바 있다. 이러한 조건을 충족할 수 있는 브랜드를 발굴하는 것도 어려웠지만, 선정된 브랜드를 입점하도록 설득하는 작업이 더 어려웠다고 한다. 늘 그렇다. 자격이 안 되는 업체는 어떻게든 들어오고 싶어 하고, 자격이 되는 업체는 입점을 망설인다.

작지만 개성 있는 브랜드가 입점을 더 망설였는데, 해당 업체들은 자신의 정체성이 백화점이라는 대형유통과 어울릴 수 있을까를 고민했기 때문이다. 이럴 때 가장 좋은 방법은 입주 업체의 요구를 대폭 수용하면서, 브랜드와 더현대 서울이 함께 어울려 시너지를 낼 수 있음을 설득하는 일이다. 단지 매장을 더현대 서울의 분위기에 맞춰달라고 요구하는 것이 아니라, 어떻게 하면 브랜드의 개성을 살리면서도 그것이 백화점 전체의 매장 분위기에 기여할 수 있게 할지에 관한 실천적인 방안을 제안하는 것이다. 참여하는 작은 브랜드들 입장에서도 큰 백화점에 매장을 내면 점포 운영의 비결을 배울 좋은 기회였다. 단순한 상생이 아니라, 서로 학습하고 성장할 수 있는 시너지를 도모한 것이다.

나이스웨더가 대표적인 예다. 나이스웨더는 도산분식, 호랑이식당, 아우어인절미, 아우어베이커리 등 MZ세대를 설레게 하는 F&B 브랜드를 이끌어온 CNP 컴퍼니가 선보이는 편의점 콘셉트의 편집숍이다. 나이스웨더는 가로수길에 있는 작지만 영향력이 큰 편집숍이었다. 나이스웨더는 "현존하는 편의점은 더는 우리 세대에게 편의

하지 않다"라는 문제의식에서 시작했다고 한다.[12] 이곳에는 늘 새로운 것에 열광하는 MZ세대에 맞춰 처음 보는 신기한 것들로 가득하다. 취향에 죽고 취향에 사는 사람들을 위해 LP와 인센스를 팔고, 계산대에는 디제잉 테이블을 놓아두었다. 중고거래 플랫폼도 갖추고 있다.[13] 나이스웨더는 이미 세련된 라이프스타일의 상징이자 MZ세대를 위한 취향 링커를 자처하는 브랜드 중 단연 대중의 반응이 뜨겁다.

입점 업체의 역량이 충분히 큰 회사에는 완전히 매장 구성의 자율성을 주기도 했다. 5층에는 삼성전자와 LG전자가 큰 면적을 사용하고 있는데, 양사에 전적으로 인테리어를 맡겨 원하는 대로 매장을 꾸밀 수 있게 해주었다. 보통 다른 백화점에서는 전자제품 매장이 서로 붙어 있어, 어디까지가 LG고 어디까지가 삼성인지 헷갈릴 때가 많다. 하지만 더현대 서울에서는 서로 마주 보며 자율적으로 매장을 꾸밀 수 있도록 배치함으로써 선의의 경쟁을 벌일 수 있도록 유도했다.

가장 의외라고 여길 수 있는 매장은 '스타벅스 리저브'다. 스타벅스 리저브는 더현대 서울의 관문이자 개성의 중심인 지하 2층 중앙 에스컬레이터 바로 옆, 가장 좋은 자리에 있다. 그런데 스타벅스는 유통 라이벌 기업 신세계가 운영하는 브랜드다. 우리나라 대기업에서 의사결정을 내리는 생리를 조금이라도 아는 사람이라면 경쟁업체와 협업 관계를 맺는 것이 얼마나 어려운 일인지 짐작할 것이다. 하지만 콘셉트가 맞고 필요하다면 신세계의 스타벅스도 모셔올 수 있었다. 신세계도 대단하다. 스타벅스 중에서도 '리저브'는 아무 곳에나 허락하지 않는데, 바로 옆 IFC몰에 리저브가 있는데도 경쟁사 백화점 지하에 출점을 결정했다. 영원한 적도 친구도 없는 현대 유통산업의 달라진 모습을 잘 보여준다.

　이러한 입점 업체와의 관계는 이제 소매유통의 기본이 되었다. 판매자에게 더 나은 환경을 제공하는 것이 결국 구매자를 만족시키기 때문이다. 백화점은 오랜 기간 축적한 노하우와 정보를 활용해 업체가 소유하지 못한 데이터를 제공하고, CRM(Customer Relationship Management, 고객 관계 관리)을 통해 고객과 소통할 수 있게 하며, 백화점 카드 혜택 등을 활용해 고객 편의를 확장하고 있다. 반면 입점 업체는 백화점의 젊은 분위기를 주도하고, 고객과 새로운 소통을 만들며 서로 도움을 주는 것이다.

04 공간 배치: '보더리스', 경계를 허물다

공간과 인테리어, 조경을 마친 후 입점할 브랜드를 정하고 나면, 다음 할 일은 어느 브랜드를 어떤 자리에 배치할 것인가를 결정하는 일이다. 이 결정은 그룹화grouping와 공간 배치 혹은 조닝 작업으로 구체화된다. '그루핑'은 매장관점에서 상품을 전략적으로 분류하는 것이다. 일반적으로 백화점은 층마다 화장품, 명품, 여성, 남성, 스포츠, 아동, 리빙, 식품 식으로 분류되는데, 요컨대 이러한 구분을 말한다. 이렇게 그룹화된 상품들을 특정 영역에 배치하는 것을 '조닝'이라고 한다. 보통 아이템, 컬러, 스토리 등을 기준으로 배치되며, 관련성이 높은 것은 가깝게, 낮은 것은 멀리 조닝해서 고객이 찾기 쉽고 구매하기 쉽도록 배려한다.[14]

그루핑과 조닝 모두 간단한 작업 같지만, 세부적으로 들어가면 백화점 조직 내부와 입주 업체의 이해관계가 대립할 수 있는 상당히 까다로운 작업이다. 이런 충돌을 조정하고 의사결정을 내리기 위해서는, 모든 의사결정이 그렇듯 원칙과 콘셉트가 필요하다. 더현대 서울의 기준은 '보더리스', 즉 '경계 없음'이었다.

더현대 서울은 앞장에서 설명한 바와 같이 공간 자체가 하나의 큰 매장처럼 느껴지도록 기획했다. 백화점의 실내공간이 브랜드별로 칸칸이 나뉘지 않고 하나의 통일된 느낌을 주려면, 경계를 무너뜨리는 작업이 필요했기에 보더리스는 자연스러운 귀결이라고 할 수 있다. 흔히 소매업의 조닝은 브랜드 액세스brand access 방식과 카테고리 액세스category access 방식으로 나눈다. 브랜드 액세스는 말 그대로 브랜드를 기준으로 매장을 나누는 것인데 전통적인 백화점이 취하는 방식이다. 카테고리 액세스는 상품군을 기준으로 진열하는 것으로, 고객은 같은 상품의 여러 브랜드를 한 자리에서 비교하며 구매할 수 있으므로 편리하고, 공간 입장에서도 통일된 매장 분위기를 조성할 수 있다는 장점이 있지만,[15] 기획자의 제안 능력이 매우 중요해진다. 최근 주목받는 '편집매장'이 대표적인 카테고리 액세스 방식의 조닝이다. 보더리스 개념은 그동안의 브랜드 액세스에서 벗어나 카테고리 액세스를 추구한다는 의미다.

공간 경험의 새로운 장을 보여준 일본 서점 '츠타야'의 창업자 마스다 무네아키는 『지적자본론』에서 공간의 '제안 능력'을 매우 강조한다. 소비자들은 물건이 부족하던 1단계 소비사회와 상품이 넘쳐나는 2단계 소비사회를 넘어, 이제는 수많은 플랫폼이 존재하는 3단계 소비사회에 이르고 있다. 이러한 상황에서는 상품을 공급자나 유통자 위주로 진열하는 것이 아니라, 고객 가치를 존중하고 라이프스타일을 제안하는 고도의 편집 능력이 유통의 핵심이라고 강조한다.[16] 백화점이 브랜드별로 구획화되지 않고, 편집매장화하는 것은 이러한 '제안'의 요소가 극대화된 조닝이라고 볼 수 있다.

미국과 유럽의 백화점들은 상품을 직매입해 운영하는 곳이 많고, 이러한 직매입 매장은 백화점이 자기 취향대로 물품을 진열할 수 있다. 즉 입점한 개별 브랜드가 상품을 운용하는 것이 아니라 백화점이 브랜드 상품을 사서 백화점 소유의 상품을 진열하는 것이다. 이런 경우에는 카테고리 액세스가 쉽다. 예컨대 영국의 셀프리지 백화점은 '슈즈 갤러리'라는 신발 전문관으로 유명하다. 하이엔드부터 캐주얼까지, 약 여섯 개의 콘셉트로 매장을 조닝하고, 상품을 큐레이션한다. 더현대 서울은 이에 영감을 받아 '보더리스' 콘셉트를 기획했다. 하지만 국내 실정상 직매입을 할 수는 없기에, 먼저 브랜드 간 경계를 허무는 작업이 절실했다.

우선 상품의 그루핑 분류부터 새롭게 진행했다. 그루핑에서 주목할 사항이 있다면 바로 '수직적 MD'다. 먼저 층간 카테고리의 경계를 허물었다. 보통의 백화점은 '2층은 여성, 3층은 남성' 하는 식으로 각 층을 하나의 카테고리로 구성하는데, 이를 '수평적 MD'라고 한다. 경직된 구분을 타파하고, 밋밋함을 없애며, 신선한 재미를 주기 위해 층 간 성역을 없애고, 한 층에 여러 카테고리 MD를 넣은 것이다. 이러한 혼합은 최근 성性의 구분이 불분명해지는 젠더리스 genderless 트렌드에도 부합한다. 남성과 여성의 성적 정체성이 분명했던 과거와는 달리, 요즘 MZ세대는 남성도 색조 화장을 하고 여성도 남성 스타일 재킷을 즐겨 입는다. 이러한 트렌드하에서 시도한 수직적 MD는 표적 고객의 새로운 정체성에 대응하는 페르소나 공간 전략으로 해석할 수 있다.

조닝도 마찬가지다. 보통은 브랜드 콘셉트에 맞춰 매장 인테리어를 한다. 그런데 더현대 서울은 대한민국 최초로, 공간 전체의 콘셉트를 반영해 인테리어를 조성했다. 1층의 화장품 매장이 대표적이다. 즉 기존 전체 매장에서 있던 브랜드 간의 경계를 허물고, 백화점이 재분류·재배치하여 새로운 공간을 실현한 것이다. 이런 방침에 반발하는 브랜드도 있었지만, 비용 투자와 10여 년간 이어온 신뢰 관계를 바탕에 두고 설득했다. 더현대 서울은 '보더리스' 콘셉트를 실현하기 위해 '멀티 인테리어' 설계를 직접 담당했다. 조닝 콘셉트를 차별화해 품격을 살렸고, 인테리어 소재에 과감히 투자해 고급스러움을 살렸으며, 공용공간의 보더리스 인테리어의 완성도를 높였다.

개별 브랜드들이 보더리스 존에 입점하는 것을 처음부터 반색한 것은 아니었다. 수차례 설명회를 진행하며 매장 설계도, 디자인, 인테리어 집기 등을 보여주며 설득했고, 예상 밖의 우수한 퀄리티에 브랜드들이 움직이기 시작했다. 인테리어 완성도를 높여 공용공간에서는 브랜드 고유성을 지키기 어려울 거라는 입점 업체의 우려를 잠재운 것이다. 더현대 서울은 공용 인테리어를 쓰는 업체들에 브랜드 공간을 넉넉히 할애했다. 브랜드 색깔과 전시할 상품 수를 고려한 배려였다. 대신 충분한 공간을 내어준 만큼 연출에 각별히 신경 써주기를 요청했다.

리빙, 아동 카테고리도 '편집숍' 개념을 구현해 보더리스를 실현했다. 더현대 서울의 4층은 최신 유행 흐름을 담은 리빙 큐레이션인 '디텍터스 아카이브'로 꾸몄다. 약 600제곱미터의 이 공간엔 북유럽 스타일 가구 편집숍인 '이노메싸', 신진 디자이너부터 트렌디한 라이프스타일 가구와 소품을 선보이는 편집숍 '아키타입×챕터원', 현대백화점이 운영하는 자체 라이프스타일 편집매장인 '에이치바이에이치HBYH' 등이 입점해 있다.

이들 편집숍의 집객 효과는 뛰어났다. 일부 직매입을 하여 MD 다양성을 넓혔고, 소비자의 욕구를 겨냥해 희소가치가 있는 리빙 품목을 구비했다. 미국의 주방 제품 브랜드 윌리엄스 소노마Williams-Sonoma, 미국의 홈퍼니싱 브랜드 웨스트 엘름West Elm을 MZ세대들이 접근하기 쉬운 공간에 배치했다. 5층 어린이 전문관에도 편집매장인 '스튜디오 쁘띠'를 선보였다. 약 230평 공간에 10여 개 유아동 관련 브랜드와 함께 가족 고객의 휴게 공간인 '플레이 그라운드'를 조성해 호평을 받았다. 일본의 유명 가구 디자이너 미키야 고바야시Mikiya Kobayashi가 만든 시소 등을 배치해 가족 단위 고객이 즐길 수 있도록 했다.[17]

식품 MD도 '경계 없음'을 적극적으로 구현했다. 특히 식품관에 문화적 다양성을 충분히 담아내는 데 힘을 모았다. 식품 매장을 구성할 때 고가의 음식을 모두 넣어보자는 데 의견을 모았지만, 국가

플레이 그라운드에는 여타의 놀이터와 다른 독특하고 감성적인 디자인의 놀이기구를 배치했다.

정체성이 담긴 특정 음식을 유치하는 데 주안점을 두지 않았다. 글로벌화로 국가 간 경계가 사라지고 있는 크로스오버 시대에, '국가'라는 기준점은 미래형 리테일 식품관에 어울리지 않는다고 판단했다. 실제로 6층 식당가에서 고객 호응이 아주 좋은 MD 중에 'SMT 라운지'가 있다. SMT 라운지의 콘셉트는 멕시코와 홍콩의 퓨전이다. 이처럼 명확한 장르 구분을 하지 않고 혼성화cross-over하는 것 역시 공간 페르소나화 전략 중 하나다. 모호한 유형화를 통해 더 다양한 정체성을 포괄할 수 있기 때문이다. 페르소나 공간에서는 전통보다 다양성이 중요하다.

05 고객 동선과 레이아웃: 단순함이 아름답다

레이아웃layout은 매장 내부 구조에 맞게 상품 진열 공간, 연출 공간, 카운터, 피팅룸 등 편의시설에 이르기까지 모든 매장 내 구성요소를 배치하는 작업이다. 특히 상품 진열 공간의 벽장이나 테이블 같은 집기의 위치와 수량, 방향을 어떻게 계획하느냐에 따라 쇼핑하는 고객의 '동선'이 만들어지기에, 판매에 직접적인 영향을 미치는 작업이라 할 수 있다. 효과적으로 레이아웃을 잡기 위한 중요 포인트들이 있는데, 예를 들어 "연관되는 상품으로 쉽게 접근할 수 있도록 고객의 동선을 짧게 만든다"라는 원칙이 있다.[18]

하지만 쇼핑 공간의 동선이 항상 짧고 효율적인 것만은 아니다. 쇼핑몰에 들어가면 길을 잃은 것처럼 느껴지는 현상을 가리켜, 쇼핑몰을 처음 만든 건축가인 빅터 그루엔Victor Gruen의 이름을 따서 '그루엔 효과Gruen Effect'라고 한다.[19] 언뜻 보기에 쇼핑몰은 편안한 장소다.

에어컨이 가동되고, 청결하며, 상점을 찾는 이들을 웃으며 반겨주는 사람들로 가득하다. 하지만 그 이면에 쇼핑몰은 의도적으로 사람들을 혼란스럽게 만드는 것을 목적으로 설계되어 있다. 감각의 과부하로 사람들을 무장 해제시켜버린다. 소비자가 혼란스러워할 때, 구매는 늘어날 수 있기 때문이다.

레이아웃에서도 물리적인 동선을 효율적으로 제안하는 것을 넘어 체험 동기유발 요소나 감성적 만족감을 주는 요소까지가 함께 기획되어야 한다. "리테일은 죽지 않았다. 재미없는 리테일이 죽었을 뿐이다"라는 하이디 오닐Heidi O'Neil 나이키 대표의 말처럼 오프라인 매장은 고객이 원할 것 같은 움직임을 만들어야 한다. 이를 위해 공간의 가치가 재해석되어야 한다.

고객은 발걸음이 내키는 대로 걷고 있다고 생각하지만, 대부분은 공간기획자들이 숙고 끝에 기획한 동선을 따른다. 이를 '상업적 산책로promenade retail'라고 하는데, 고객들이 마치 컨베이어 벨트를 따라 움직이듯이 쇼핑을 하게 된다고 해서 '리테일 컨베이어 벨트retail conveyer belt'라고도 표현한다.[20] 더현대 서울의 상업적 산책로는 스트리트street, 즉 길의 이미지를 차용하고 있다. MZ세대 페르소나의 새로운 문화 코드 중 하나는 체험이 가능한 스트리트 문화다. 스트리트 문화는 가까운 과거에도 존재했지만, 말 그대로 뒷골목에서 볼 수 있는 비주류 문화였다. 최근 MZ 감성이 중시되면서 콧대 높은 명품도 다양한 컬래버레이션을 통해 스트리트 감성을 덧대고 있을 정도로, 스트리트 문화는 폭발적으로 성장하며 주류 감성으로 자리 잡고 있다.

더현대 서울의 지하 2층은 스트리트의 체험성에 주목하여, 부티크 호텔 라운지처럼 동선 전반을 구성했다. 지하 2층은 전체 콘셉트가 동일한 것 같지만, 크게 세 개의 콘셉트로 나뉘어 있다. 중앙은 부티크 호텔 라운지 무드로 조성했고, 중심에 스타벅스와 스틸북스를 입점시켰다. 중앙은 왼쪽 취향의 고객과 오른쪽 취향의 고객이 만나 소통하는 커뮤니티로 기능한다. 고객의 흥미를 극대화하고, 재미를 보장하는 데 주력했다.

레이아웃은 구매 촉진뿐만 아니라 브랜드의 메시지 전달 수단으로도 기능한다. 예를 들어 유니클로에 들어서면 천장부터 바닥까지 꽉 채워진 상품, 마네킹, POP가 도배된 좁디좁은 매장 레이아웃이 고객을 압도한다. 하나의 상품에 강력하게 초점이 맞추어진 아이템 진열에서 브랜드가 말하고자 하는 분명한 메시지가 들린다. "고민하지 말고 구매하라!" 반면 더현대 서울의 '디스이즈네버댓' '쿠어' 매장은 유니클로 매장과 다르다. 카운터가 중앙에 있을 뿐 아니라 패션 매장임에도 마네킹조차 없다. 상품을 휑하다 싶을 정도로 듬성듬성 진열한다. 초반에는 로고도 없었다고 한다. 기존의 디스플레이 레이아웃과는 전혀 다른 방식이다. 도대체 '구매'에 관심이 없어 보이는 레이아웃이다.

여기서 강조되는 요소는 바로 '단순성'이다. 홍익대학교 건축학과 김주연 교수는 스페이스 브랜딩의 네 가지 원칙 중 하나로 단순성을 꼽았다. 커뮤니케이션 과잉 사회에서 소비자들이 취할 수 있는 유일한 방어 수단은 마음을 단순화하는 것이다. 실제로 자극이 지

'디스이즈네버댓'의 두 번째 오프라인 매장.
공간은 소비자에게 브랜드 이미지와 아이덴티티를
각인시킬 수 있다.

나친 환경에서는 자극 없는 빈 공간들이 사람들의 관심을 더 많이 받는다.[21] 버락 오바마Barack Obama 전 미국 대통령이 연설 도중 갑자기 긴 침묵을 이어가 청중의 주목을 일거에 끌어당겼던 적이 있다. 2015년 백인 인종차별주의자가 일으킨 총격 사건의 희생자들을 위한 추도식 당시의 일이다. 추모 연설 중 갑자기 고개를 푹 숙이고 침묵하던 오바마 대통령이 낮은 목소리로 '어메이징 그레이스'를 부르기 시작했을 때, 6천 여 명의 추도객은 말로 다 할 수 없는 큰 감동에 휩싸였다. 이처럼 '침묵'이라는 커뮤니케이션 전략을 공간에서는 '여백'으로 구현해, 오히려 사람들의 집중도를 높였다. 앞서 공간적 여백이 페르소나화에 반드시 필요하다고 지적했는데, 레이아웃에서도 같은 논리가 적용된다. 물론 이러한 레이아웃이 가능한 것은 로고 없이도 브랜드를 알아볼 수 있는 충성고객, 즉 마니아를 충분히 확보한 데서 비롯된 자신감에서 출발한다.

06 비주얼 머천다이징: 하지 않을 용기

구매행위가 일어나는 매장 공간은 생활이나 업무 공간과는 다르다. 단지 쾌적하기만 해서는 안 되고, 구매행위가 발생할 때야 의미가 있다. 공간이 구매를 이끌어내기 위해서는 단지 멋진 인테리어만으로는 부족하다. 브랜드와 매장의 콘셉트에 맞게 제품을 전시하는 등 매장 전체를 꾸미는 작업을 비주얼 머천다이징Visual Merchandising, VMD이라고 하는데, 상업공간 인테리어의 화룡점정이 바로 VMD라고 할 수 있다. VMD는 쇼윈도를 근사하게 꾸미는 일부터 매장 전체의 분위기를 좌우하는 색상, 조명, 상품배치를 결정하는 일을 한다. 이랑주 박사는 『좋아 보이는 것들의 비밀』에서 "매장에는 반드시 철학이 필요하지만, 그 철학이 분명하게 전달되지 않으면 아무런 의미가 없다"라고 말한다.[22] 상업공간의 철학을 시각적으로 표현하는 작업, 그것이 VMD가 하는 일이다.

이미 1979년 《뉴욕타임스》에는 백화점이 살아남기 위해서는 브로드웨이의 극장처럼 볼거리가 풍부하고 즐거운 분위기가 만들어져야 한다는 기사가 실렸다. 미국 백화점이 침체위기에 빠져 있던 당시에는 좁은 의미의 머천다이징만으로는 위기를 극복할 수 없었기에, 점포 차별화 전략의 하나로 도입한 것이 바로 VMD였다. VMD가 주목받게 된 것은 고객들의 라이프스타일이 변하면서 소비 동기도 함께 달라졌기 때문이다. 소비자의 요구가 다양해지고, 구매 수준이 질적으로 높아져, 새로운 디자인 마케팅 대응 전략이 필요하게 된 것이다. 이에 각 브랜드는 브랜드 이미지를 재정립하고, 이를 소비자에게 강력히 전달하기 위한 효과적인 방법으로 VMD를 선택함으로써 효율적인 판매 촉진을 위한 매장 연출에 매진하게 되었다.[23]

더현대 서울의 VMD는 단순함을 추구했다. 더현대 서울은 가장 트렌디한 공간이 되기를 지향하지만, 그렇다고 단편적인 유행을 추종하지는 않는다. 예를 들면 많은 백화점이 봄·가을 시즌, 혹은 설·추석 같은 명절에 습관처럼 시행해오던 VMD 연출을 지양하고자 했다. 과하게 화려하고 강한 이미지로 '추석 맞이 대 세일'을 어필하는 것은 오히려 더현대 서울의 정체성을 약화시킬 우려가 있다. 더현대 서울의 VMD는 오히려 매장과 공간 자체의 콘셉트와 매력을 살려줄 수 있도록, 자제하는 일에 방점을 뒀다. 뭔가 하는 것보다 하지 않는 일이 더 어렵다.

가장 대표적인 공간이 지하 1층의 식음료F&B, Food and Beverage 공간, '테이스티 서울'이다. 백화점에서 F&B는 날이 갈수록 중요해지는 추세다. 전술했듯이 온라인이 줄 수 없는 경험이 중요해지고 있는데, 그 대표적인 경험이 분위기 있는 카페, 식당에서 마시고 먹는 일이기 때문이다. 최근 새로 개장하는 유통공간에는 어떤 브랜드가 입점했다는 사실보다, 어떤 맛집이 들어왔다는 사실이 더 화제가 되는 것도 그런 이유에서다.

사실 현대백화점 식품관은 자체적으로 큰 자부심을 가지고 있을만큼 명성이 높았지만, 뉴리테일을 표방하는 더현대 서울이 기존의 현대백화점 식품관 이미지를 그대로 가져갈 수는 없었다. 그래서 테이스티서울을 기획할 때는 기존 현대백화점의 이미지를 탈피한 고객참여형 콘텐츠로서의 VMD가 필요했다. 슈퍼마켓 공간의 경우 기존의 '현대식품관'을 적용하는 대신 '테이스티 서울 마켓'으로 새롭게 브랜드 아이덴티티를 개발했다. 포지셔닝을 고려하여 젊고 경쾌한 브랜드 이미지를 구축함으로써 폭넓은 세대에 다가가고자 했다. 캐주얼하고 생동감 있는 이미지 표현을 위해 퍼플, 오렌지의 대비되는 메인 컬러를 사용했으며, 슈퍼마켓의 바구니에서 착안한 라인 그래픽을 활용했다.

과거 식품관 레이아웃과 네이밍은 상품 중심으로 이루어졌다. 푸드 파라다이스, 고메 파라다이스, 고메 푸드, 파인디시 등이 그 사례다. 더현대 서울 식품관의 경우에는 상품 중심이 아니라 고객 취향 중심의 MD를 고려해 '테이스팅 존'으로 콘셉트를 정했다. 새로움을 열망하는 사람들은 프랜차이즈가 아닌 독자성을 가진 공간의 페르소나를 원하기 때문이다. 최근 이런 현상이 특히 강하게 발현되는 영역이 카페다. 또한 요즘 고객은 독자적 브랜드를 가진 식음료를 일반 백화점에서 먹는 것에 대한 거부감이 있으므로, 기존 백화점의 이미지를 탈피한 인테리어가 필요했다.

그렇게 고안된 것이 '유럽 공원' 콘셉트의 식품관이다. 유러피안 무드를 주제로 층 전체를 스타일링했다. 야외 공원이나 거리를 거니는 느낌을 주기 위해 전 층에 식물과 화단을 구성하고 벤치·테이블·의자·사이니지 등의 디자인을 각기 다르게 설치했다. 최대한 자연스러운 공원 느낌을 만들어 백화점 식품관에서 밥을 먹는다는 뻔한 느낌을 주지 않으려고 한 것이다. 고객 체험 요소를 보강하기 위해, 정육과 수산 코너에 통창을 만들어 일정 시간에 요리사들이 재료를 손질하고, 요리하는 장면을 공개해 퍼포먼스 효과를 극대화했다.

22 푸드트럭 피아자는 흔히 축제에서 볼 수 있듯이 실내지만 야외 느낌을 충실히 낼 수 있도록 트럭 종류와 색상을 선정하는 데 고심했다. 내부 디자인팀은 아시아뿐 아니라 유럽까지 저변을 넓혀 벤치마킹할 유사 모델을 찾고 분석했다. 지하 테이스티 서울 광장의 푸드트럭 피아자는 '오슬로 푸드트럭'에서 영감을 받았다. 피아자는 현대 식당가에서 처음 시도하는 유형의 것이라 실무자들이 큰 부담을 느꼈다고 한다.

미래형 테크놀로지와 자연 친화적 무드의 상반된 요소가 결합한 공간인 더현대 서울은 무수한 사례분석을 통해 오픈 커뮤니케이션의 세련된 표현에 특히 심혈을 기울였다. 일단 세계적인 거장 리처드 로저스 건축의 특징을 차용한 그래픽을 창조하는 데 주력했다. 다소 추상적으로 보일 것을 염려하는 이도 있었으나, 다양한 색과 도형을 써서 미래세대의 다채로운 모습을 포용하는 서울의 상징성을 보여주고자 했다. 건축과 연계된 그래픽으로 연결성을 강조하며 건물 외부를 화려하게 장식했다. 통상 백화점이 이벤트를 벌이면 건물 벽면에 대형 현수막인 속칭 '네코 현수막'을 사용하지만, 더현대 서울에 펄럭이는 형형색색 현수막을 걸 수는 없었다. 현수막으로 건물을 뒤덮는 것이 아니라, 자체로 미학적 가치가 높은 건물 외벽을 십분 활용할 수 있도록 오프닝 그래픽과 디지털 사이니지^{Digital Signage}로 벽면을 채웠다.

특히 건물의 정면부, 즉 파사드^{facade}에 최대한 포인트를 주어 시선을 끌었다. '홍은주·김형재'의 안을 받아 오프닝 키 비주얼^{Key Visual} 작업을 진행했는데, 그래픽을 건물 자체로 오인하기도 할 정도로 실사감이 높았다. 오프닝 그래픽으로 장식한 파사드는 큰 화제가 되었고, 고객들의 반응도 폭발적이었다. 오픈을 기념하는 쇼핑백과 백화점 카드는 한정 수량으로 제작되어 특별함을 더했고, 모션그래픽 영상, 플로어 가이드^{floor guide} 등 고객 접점 매체를 다양하게 변주해 적극적으로 활용하여 좋은 반응을 얻었다.

그래픽은 어린이 전문관 '쁘띠플래닛'에서도 빛을 발했다. 현대백화점은 어린이 전문관 강화를 위해 쁘띠플래닛과 스튜디오 쁘띠(쁘띠플래닛의 하위 브랜드)의 브랜드 아이덴티티를 개발했고, 더현대 서울에 VMD, 패키지, 영상, 서비스 시설(쁘띠라운지) 등 다양한 영역

더현대 서울 오프닝 테마인 '미래를 향한 울림Sound of the Future'에
발맞춘 백화점 외벽 디자인과 대형 전광판 영상

에 브랜드 아이덴티티를 적용하여 어린이 전문관다운 정체성을 구현했다고 호평을 받았다. 개발 초기에는 어린이 전문관의 개성이 분명히 드러나지 않아 내부적으로 우려의 목소리가 있었고, 더현대 서울 오픈을 통해 브랜드 아이덴티티를 더욱 강화했다. 어린이 전문관 느낌을 강조하기 위해 그래픽 소스를 활용하고, 브랜딩을 확장했다. VMD, 그래픽, 사이니지는 물론이고, 라이프스타일 제안에 이르기까지의 다양한 노력은 더현대 서울의 존재감과 고객지향적인 공간감을 완성하는 화룡점정의 역할을 했다.

07 팝업매장: 트렌드와 재미의 두 토끼

팝업매장pop-up store은 짧게는 하루, 길게는 두 달 동안 임시로 운영하는 매장을 말한다.[24] 2002년 미국의 할인점 '타깃'에서 신규매장에 할애할 공간을 마련하지 못해 설치한 임시매장이 시초로 알려져있는데,[25] 최근에는 급변하는 트렌드에 맞춰 순발력 있게 매장 공간을 운영하기 위해 적극적으로 활용하는 추세다.

더현대 서울은 트렌드를 빠르게 반영한다는 정체성에 어울리는 팝업매장을 구성해, 고객에게 끊임없이 흥밋거리를 주고 있다. 예컨대 1층 팝업 존에서 80평 규모로 꼼데가르송 영패션 라인을 최초로 진행한 바 있다. 꼼데가르송 안에는 합리적 가격의 '포켓', 하이엔드인 '꼼데컬렉션' 등 29개의 라인이 있는데, 그중 'CDG, CDG, CDG'(CDG가 세 번 중첩되어 'CDG 3'라고도 한다)라는 젊은 세대 전용 라인을 이곳에서 최초로 선보였다. 그 외에도 샤넬·티파니·몽

클레어 등의 팝업이 진행되었는데, 사실 이런 브랜드의 팝업은 보통 신세계백화점 강남점이나 현대백화점 판교점 같은 곳에서만 진행하지만, 핫플레이스로 급부상한 더현대 서울의 위상 덕분에 유치 가능했다고 한다.

명품 라인뿐 아니라 젊은 세대가 선호하는 문화 코드를 반영해, 세븐틴과 BTS 관련 굿즈를 판매하는 '인더숲In the SOOP' 팝업을 한두 달 진행했다. 고객 반응이 매우 좋았고, 고객들이 연이어 자체 홍보하며 이슈화가 되기도 했다. 특히 지하 2층의 지하철 연결통로로 이어지는 공간을 '아이코닉존Pop Up Iconic'이라 네이밍하고, 가장 인기가 좋은 MD를 2주 단위로 유치하고 있다. 빠른 순환으로 최신 유행 아이템을 가장 발 빠르게 만나볼 수 있다. 개장 초기 선보였던 스마트폰 케이스 숍 케이스티파이는 평상시에도 대기가 50여 팀에 이를 정도로 반응이 좋았다고 한다. 온라인으로만 접할 수 있었던 상품을 직접 보고, 맞춤 제작하고 구매할 수 있는 360도 전방위적 고객경험을 선사했기에 고객 반응이 뜨거웠다. 고객은 케이스의 소재, 색상, 범퍼 등을 고른 후 원하는 문구도 새겨 넣어 전 세계에서 하나뿐인 케이스, 자기만의 취향을 표현할 케이스를 제작할 수 있다.

2022년 초, 지하 1층 식품관에도 재미있는 팝업매장이 선을 보여 MZ세대의 폭발적 반응을 이끌었다. 그 주인공은 공유주방 스타트업 위쿡WEECOOK과 함께 기획한, 라면에 진심인 사람들을 위한 가게, '88라면스테이지'다. 국내외 라면 200여 종을, 오직 색깔별로 진열해서 비주얼 감각을 극대화하고, 타이머, 냄비, 계량컵 등 라면 잘

현대백화점과 공유주방 스타트업 위쿡이 함께 만든 매장 '88라면스테이지'

끓이기 위한 도구들, 단무지, 라면 밀키트, 국물 키트, 라면 모양 케이크, 심지어는 남은 라면 봉지를 밀봉할 빨래집게와 머리끈까지, 라면과 관계된 것이라면 모두 한자리에 집요하게 모은 팝업매장이다.[26] 사실 저가 상품인 라면의 매출이 판매비용을 감당할 수 있을지는 의문이다. 하지만 이러한 기획이 고객의 흥미를 유발해 자발적인 홍보를 극대화하고, 나아가 젊은이를 위한 더현대 서울의 정체성을 표현하고 있다는 점에서, 팝업매장의 기능을 충실히 이행했다고 평가할 수 있다.

08 고객 응대와 서비스: 사소한 불편에 집중하라

앞서 잠깐 언급했듯이 지하 2층에서 가장 반응이 좋은 브랜드 디스이즈네버댓은 의류 매장임에도 마네킹이 없다. 대신 직원이 그역할을 한다. 디스이즈네버댓 직원들은 모두 비주얼이 강렬하다. 몸에 문신이 있고, 신체 다양한 부분에 피어싱을 뚫고, 강렬한 색으로 염색하거나 아예 머리를 밀기도 한다. 백화점에서는 보통 직원의 문신이나 피어싱, 염색 등을 제한해왔기 때문에, 처음에는 더현대 서울에서도 무척 난감했다고 한다. 하지만 직원들의 비주얼이 이렇듯 강렬한 것은 그들이 영업 사원일 뿐 아니라, 살아 움직이는 브랜드의 모델 그 자체기 때문이다. 직원 대부분은 입사하기 전 브랜드를 진심으로 사랑하는 고객이었기에 누구보다 브랜드를 이해하고, 애정을 품고 있다. 단순히 계약 관계로 이루어진 것이 아니라, 오랜 시간 브랜드 감성을 공유하며 만들어진 끈끈한 애착 관계를 기반에 두고 있다.

더현대 서울의 지하 2층 브랜드들은 고객 응대도 기존 공식과 다르다. 여기를 찾는 젊은 세대는 이전 세대와 달리 필요 이상으로 살가운 응대를 달가워하지 않는다. 나이대가 있는 매니저들은 고객의 지근거리에 붙어 쇼핑이 끝날 때까지 최대한 응대하지만, 젊은 매니저들은 자기 세대의 성향을 알기에 최소한으로 응대한다. 관리자의 관점에서는 고객을 방치하는 것으로 보일 때도 있지만, 고객들은 전혀 불편함을 느끼지 않는다. 이들의 세대성을 젊은 매니저들이 더 잘 파악하고 있다.

더현대 서울의 부대 서비스도 주목할 만한 사례가 많다. 더현대 서울에는 전국에 매장이 하나 있거나 온라인에서만 만날 수 있는 브랜드들이 많으므로, 브랜드를 직접 경험하기 위해 대구, 부산 등지에서 오는 고객들이 적지 않다. 그래서인지 더현대 서울에서는 커다란 캐리어를 끌면서 쇼핑하는 젊은 고객을 흔히 볼 수 있다. 더현대 서울은 이런 원정 고객들을 위한 편의 서비스를 강화했다. 지하 1층 식품관뿐 아니라 지하 3층 에스컬레이터 홀까지 대형 캐리어를 수납할 수 있는 캐리어 보관 서비스를 확대했다. 더현대 서울의 캐리어 보관 서비스는 타 경쟁업체보다 그 수준이 월등하다. 앞으로 코로나 사태가 진정되고 해외입국자가 많아지면, 이 서비스는 더욱 주목받을 것으로 보인다.

더현대 서울 슈퍼마켓에서 가장 반응이 좋은 코너는 '반찬'이다. 반찬 코너는 일반적으로 근거리 고객이 중요하며, 고정 고객이 확보

되어야 매출이 나는 특성이 있다. 그래서 새로 오픈한 백화점의 반찬 코너는 초반에 고전을 면하기 어렵다. 판교점도 개장 후 2~3년간 반찬 코너의 매출이 부진했다. 더현대 서울은 기존 방식으로 반찬 코너를 운영하지 않고, 최근 주목받고 있는 정기배송 시스템을 도입했다. 여기에 더현대 서울만의 방식으로 정기배송 콘텐츠를 각색해 일회용 식기를 사용하지 않고, 반찬을 고객에게 배송한 뒤 다 먹은 반찬 그릇을 회수하는 서비스를 함께 제공했다. 보통의 정기배송으로는 고객의 반향을 얻지 못할 것을 내다보고, 편의 서비스를 강화한 전략은 적중했다. 더현대 서울만의 정기배송 서비스를 시작한 뒤, 기존 서울 점포 대비 세 배 이상의 매출을 올렸다.

슈퍼마켓에서는 새로운 고객을 모으기 위한 유인 수단으로 '프레시 테이블' 코너를 선보였다. 프레시 테이블은 슈퍼마켓에서 구매한 모든 음식을 '세척·손질·소분'해주는 무료 서비스다. 예컨대, 배추를 사면 세제 없이 과일을 씻을 수 있는 음파 진동 기계를 통해 씻고, 잘게 나눠 팩에 담아주는 것이다. 3~4월에는 망고를, 여름에는 수박도 먹기 좋게 손질해 제공한다. 이 서비스가 인근 주민들의 커뮤니티에 공유되자, 하루 약 10명이던 이용 고객이 130~140명으로 늘어났다. 평균 대기시간이 30분이 넘어가면서, 슈퍼마켓에도 웨이팅 시스템이 도입되기도 했다. 2022년에는 밀키트를 도입해 민어매운탕 등을 고객이 직접 고른 신선한 재료로 선보일 예정이라고 한다.

커뮤니케이션
: 취향으로 소통하라

PART 4

COMMUNICATION

흔히 "나이키의 경쟁자는 아디다스가 아니라 닌텐도"라고 말한다. 나이키는 운동화 시장을 놓고 아디다스와 싸워야 하는 것이 아니라, 청소년들의 여가 시간을 놓고 닌텐도와 다퉈야 한다는 의미다. 이 경우 나이키는 단순한 스포츠용품 회사가 아니라 청소년의 여가를 책임지는 회사가 된다. 이처럼 브랜드들은 이제 자신의 정체성을 업태로 정의하지 않는다. 식품업계는 소비자의 건강한 삶을 지향하고, 침구업계는 잠을 매개로 소비자의 일상을 보살피는 서비스를 표방한다.

이제 현대의 상업공간은 소비가 아니라 고객의 시간을 빼앗는 곳이 되어야 하며, 새로운 취향을 제안하고 라이프스타일을 설계하는 곳이 되어야 한다. 이 문제는 공간설계와 브랜드 머천다이징만의 문제는 아니다. 마케팅·콘텐츠 등을 포괄하는 커뮤니케이션의 문제이기도 하다. 소수더라도 브랜드의 타깃 고객이 열광할 수 있는 가치와 취향으로 소통할 때, 브랜드의 지향점과 가치관이 살아나며, 진정한 소통이 가능하다.

01 백화점이 나오지 않는 백화점 광고

프롤로그에서 사람들이 열망하는 장소가 되기 위해서는, 고객이 '이곳은 나의 공간'이라고 감정 이입할 수 있는 '페르소나 공간'이 되어야 한다고 언급한 바 있다. 현대백화점에서 페르소나 공간이라는 용어를 직접 사용하지는 않았지만, 그 개념은 이전부터 충분히 적용하고 있었던 것으로 보인다. 2019년 「플레이스 투 비Place to be」라는 브랜드 음악을 만들어서 발표했는데, 제목이 의미심장하다. "당신이 있어야 할 곳, 당신이 가고 싶은 곳, 당신이 경험하고 싶은 그곳이 바로 현대백화점"이라는 취지를 담고 있는데, 이 메시지가 바로 페르소나 공간의 개념을 정확하게 지향하고 있다. 뮤직비디오에서는 처음과 마지막에 '더현대The Hyundai'라는 자막을 아주 잠깐 보여줄 뿐, 3분 18초 내내 세계의 랜드마크에서 스케이트보드를 타는 젊은이의 모습만 영상미 있게 보여준다.

현대백화점이 발표한 음원 '플레이스 투 비' 커버(상)와 뮤직비디오의 한 장면(하)

뉴리테일 시대에는 브랜드 커뮤니케이션도 당연히 달라야 한다. 더현대 서울의 새로운 커뮤니케이션 방식을 5년 전의 그것과 비교해보면 무척 재미있다. 2015년에 출점한 현대백화점 판교점도 역시 젊은 부부가 상당수 거주하는 분당을 비롯한 경기 남부 지역을 대상으로 한 백화점이다. 하지만 당시의 홍보 영상을 보면, 입점 브랜드들을 나열식으로 보여주고, 즐비한 명품 브랜드와 몰려드는 인파를 교차 편집하고 있다. 기존에 백화점이 갖고 있던 정체성을 나름 충실하게 표현한 것이다.

하지만 더현대 서울에는 뻔한 클리셰가 아니라 확실한 차별화가 필요했다. 브랜드전략팀은 논리보다 감각을 겨냥한 과감한 전략을 택했다. 백화점이 나오지 않는 백화점 광고를 기획한 것이다. 백화점이 없다면 광고에 어떤 상징적인 아이템을 넣어야 할까? 더현대 서울이 선택한 키워드는 세 가지였다. 힙스터, 보트, 망원경.

'힙스터hipster'는 사전적으로는 '최신 정보에 박식한 사람', '유행을 따르는 사람'이라는 뜻이지만, 문화계에서는 '대중의 큰 흐름에 좌우되지 않고 자신만의 고유한 패션과 문화를 즐기는 사람'을 의미한다. MZ세대에게 가장 중요한 단어가 바로 '힙'이다. 그들에게 '힙하다'는 예전 세대의 '핫하다', '쿨하다'를 뛰어넘는 가장 큰 찬사다. 이처럼 자신만의 취향과 '바이브vibe', 즉 느낌을 가진 힙스터를 동경하는 MZ세대에게 어필하기 위해 '서울의 힙스터'를 정의하고 표현하는 데 공을 많이 들였다. 모델을 선정할 때도 전형적인 미남, 미녀는 철저히 배제했다. 개성 충만한 서울러들, 나만의 라이프스타일을

2021년 더현대 서울 홍보 영상

고집하는 힙스터들의 서로 다른 독특한 세계관이 공존할 수 있는 장소, 바로 그곳이 더현대 서울이라는 점을 어필하고자 했다.

광고에서 힙스터를 쓴 것은 충분히 이해가 간다. 같은 타깃을 지향하는 다른 패션 브랜드에서도 흔하게 쓰는 방식이다. 하지만 보트와 망원경은 약간 고개를 갸우뚱하게 만든다. 이건 무엇일까?

젊은 고객층에게는 직접적인 스토리텔링보다는 상징성이 강한 표상을 사용해 커뮤니케이션하는 것이 훨씬 효과적일 때가 있다. 좀 오래되었지만 대표적인 사례가 1999년 SK텔레콤의 TTL 캠페인이다. 세기말의 불확실성이 온 사회를 휩쓸던 당시, '스무살의 TTL'이라는 광고를 제작하면서 개구리, 개펄, 토마토, 깨진 어항 등등 매우 난해하고 초현실적인 소도구들을 사용했다. 이를 기호학으로 설명하면, 이런 아이템(기표)들의 의미(기의)는 모두 '경계 없음', '규정되지 않음', '다중정체성' 등을 상징한다. 이러한 기표들이 미성년과 성년의 경계에 선, 기존의 문화로 규정되지 않는 다중정체성을 갖는 나이, 스무 살에게 폭발적인 지지를 받았다. 이처럼 서사가 분명치 않은 기호로 커뮤니케이션하는 방식을 포스트모더니즘 계열의 광고라고 할 수 있는데, 포스트모더니티 방식이 성공적일 경우 젊은 세대의 폭발적인 반응을 이끌어낼 수 있다.

포스트모더니즘^{postmodernism}이란, 과거의 정형적인 건축 양식에 대한 반발을 비평하는 용어로, 건축 비평가들에 의해 1960년대부터 사용되었으나, 그 후에 출현하는 새로운 문화 현상 일반과 역사적 시대를 특징짓는 사회문화적 조건을 지칭하는 포괄적 용어로 사용하고 있다.[1] 이합 하산^{Ihab Hassan}에 따르면, 모더니즘과 대비되는 포스트 모더니즘의 특성은 비결정성, 탈정전화, 자아의 분산, 잡종화, 카니발화, 행위와 참여 등을 들 수 있는데,[2] 이런 특징을 관통하는 가장 핵심적인 요소는 하나의 양식이 규범으로 군림하는 것이 아니라, 해체를 통해 다양한 양식으로 분산, 공존할 수 있다는 사실이다. 이러한 해체와 분산은 구성원의 자기인식에도 영향을 미쳐, 자기 정체성이 다양해지는 '다중정체성'을 본질적 요소로 만든다.[3] 다시 말해서 다면적 자아 정체성을 근거로 하는 페르소나 공간은 포스트 모더니즘의 필연적 귀결이다. 그런 의미에서 보면, 더현대 서울의 커뮤니케이션이 포스트모던한 형식을 띠고 있는 것은 어쩌면 당연하다.

더현대 서울이 2021년 MZ세대의 정체성을 표현할 만한 포스트모던 기표로 선택한 것이 바로 보트와 망원경이다. 『트렌드 코리아 2019』에서는 MZ세대를 '플로팅 세대', 즉 떠다니는 세대로 명명한 바 있다.[4] 플로팅^{floating} 세대란 '여러 가지 정보를 동시다발적으로 수용하는 세대'로, 정보뿐만 아니라 직장과 거주지도 유목민처럼 여기저기 옮겨 다니며 자신에게 맞는 선택지를 끊임없이 탐색하는 세대다. 콘텐츠, 직장, 거주지를 부유^{浮遊}하는 것에서 나아가 망망대해 속에서 내가 누군지, 자신의 페르소나를 끝없이 찾아가는 것이 MZ세대의 특성이다. 따라서 보트는 부정형의 시대를 떠다니면서 내가 어떤 사람인지를 찾아야 하는 개인화된 공간을 상징한다. 망원경도 마찬가지다. 끊임없이 무언가를 찾고 탐색하는 MZ세대의 세계관을 담고 있다. 결론적으로 더현대 서울의 론칭 광고는 서울의 힙스터들이 배를 타고 망망대해를 항해하다가 그 끝에서 더현대 서울을 발견하게 된다는 내러티브를 다소 포스트모던한 방식으로 표현한 것이라 해석할 수 있다.

해당 광고의 제작을 맡은 이노션은 CF 감독이 아니라 뮤직비디오 감독과 작업을 했다고 한다. 더현대 서울을 상품으로 소개하는 광고가 아닌, 더현대 서울이 담고 있는 세계관을 포스트모던하게 그려 줄 전문가가 필요했다. 뮤지션 자이언티가 만든 광고 음악도 MZ 세대 사이에서는 엄청난 화제를 불러일으켰는데, 더현대 서울은 그 노래를 'CM 송' 혹은 '로고 송'이라 칭하지 않는다. 아티스트가 생각하는 서울의 현재를 담은 자이언티의 음악일 뿐이다. 반응은 폭발적이었다. 열흘 만에 42만 뷰가 돌파했고, 2022년 1월 기준, 430만 뷰가 넘었다. 음악을 처음부터 끝까지 듣고 싶다는 사람들의 요청이 즐비해 풀버전이 공개되었고, 현재 유튜브에 한 시간 반복재생 콘텐츠가 있을 정도다.

02 '씨 뿌리는' 스토리텔링

더현대 서울이 자신의 정체성을 기성의 백화점으로 정의하지 않는다면, 고객 커뮤니케이션 매체[media] 역시 기존과는 다른 방법을 사용해야 했다. 더현대 서울은 일단 소통 채널을 MZ세대의 매체, SNS 중심으로 전면 전환했다. 직접적으로 설명하고 가르치는 것이 아니라 소비자들이 공감할 수 있는 콘텐츠를 제작해 자발적으로 공유하며, 일상 속에서 더현대 서울의 가치관과 취향을 접하게 만들었다. 구체적으로는 '트렌디'와 '취향'이라는 두 축으로 나누어 영상을 제작했다. 트렌디는 패션이나 잡화 등 새로운 아이템을 소개하고, 취향은 와인, 캠핑, 골프, 러닝 등 MZ가 커뮤니티를 이루고 있는 종목들을 다룬다.

이렇게 구분하게 된 주요한 이유는 고객의 구매 패턴과 구매 여정의 변화에서 출발한다고 커뮤니케이션팀은 이야기한다. 기존의 전형적인 커뮤니케이션 방식처럼 광고와 홍보물을 통한 고객 구매와 방문 빈도가 점점 줄고 있기 때문이다. 이제 고객은 검색을 통한 상품 비교와 리뷰 등을 통해서 상품을 고르고, 주변의 지인과 커뮤니티를 통한 신뢰를 통해서 구매 동기를 찾고 있다. 그러한 고객 쇼핑 여정의 변화를 감지하고 기존 방식에서 탈피한 트렌디와 취향을 중심으로 콘텐츠를 전개하고 있다. 콘텐츠는 기존의 매스미디어 채널이 아니라 전용 홈페이지와 앱, 인스타그램, 유튜브, 블로그, 포스트 등 고객 접점의 다양한 '마이크로 채널'을 통해 자연스럽게 다가가고자 했다.

여기서 핵심은 이러한 콘텐츠가 직접적인 백화점 홍보와는 거리를 둔다는 점이다. 예를 들어, '서울앤소울'이라는 기획 영상은 짧은 드라마 형식으로 만드는데, 각 회차의 내용이 연결되는 것은 아니지만 영상들을 보면 전체 흐름을 알 수 있게 구성되었다. 예컨대 '와인' 관련 영상은 음악적 요소가 두드러지는 라이브 콘서트처럼 만들었다. 다만 백화점과의 연관성을 찾자면 촬영만 더현대 서울 와인웍스 매장에서 하는 식이다. 영상을 통해 와인도 음악처럼 개인의 취향을 반영한 물성物性이라는 것을 음악적 요소를 통해 강조하는 것이다.

커뮤니케이션팀에서 직접 제작하고 있는 '야외정찬' '슈퍼마켓맨' '콜키지프리'라는 식품 콘텐츠도 같은 맥락이다. 자체적으로 콘텐츠를 만들되, 그 콘텐츠에 자사 브랜드를 은근슬쩍 PPL 하는 방식을 택한다. 식품관 로고는 간접적으로 드러난다. "여기서 살짝, 혹은 자연스럽게"가 핵심이다. 제품이 도드라지는 대신, 기존 광고 영상

Seoul & Soul

Live at
한밤중의
더현대 서울

토스트

만년설 딸기

(상) 서울앤소울 기획 영상
(하) 캠핑, 감성, 요리를 주제로 한 '야외정찬'의 콘텐츠

과 차별화될 수 있는 영상미에 각별히 신경을 썼다.

이러한 영상들은 더현대 서울의 로고나 입점 브랜드가 직접적으로 드러나지 않기 때문에 경영진의 공감을 사기 어려운 것이 사실이다. TV로 대표되는 ATL(Above The Line: TV·라디오·신문·잡지의 4대 매체를 뜻함) 매체를 활용하는 광고처럼 누구나 볼 수 있고, 크고 화려하며, 눈에 확 띄지 않기 때문이다. 사실 그 영향력이 아날로그 시대 같지는 않다고 해도, 4대 매체 특히 TV 매체의 영향력은 불특정 다수mass에게 여전히 영향력을 갖는다. 하지만 중요한 것은 전달력 자체가 아니라 타깃 페르소나와 얼마나 잘 어울리냐의 문제이므로, 이 문제가 중심이 되어 매체 선택의 기준이 바뀌고 있다.

매체가 바뀌면 화법도 바뀌어야 한다. 대표적으로 더현대 서울은 기존의 인쇄 매체의 전단 홍보 문안 스타일에서 벗어나 디지털 매체, SNS 채널에 적합한 언어와 콘텐츠를 만드는 데 주력하고 있다. 예를 들면, 과거에는 '가을 아웃도어 특가 이월 상품전' 같은 행사 안내형 문안으로 행사를 알렸다면, 이제는 '#당신의 가을에 후회 없는 산행, 아웃도어 제안' 같은 디지털 환경에 적합한 문체가 더욱 필요하다.

기존의 인쇄 매체 형태의 고객을 대상으로 전달하는 정보전달형 메시지에서 디지털 환경, 특히 핸드폰으로 광고를 접하는 환경에서는 상대방과 대화 하듯, 궁금증을 유발하고 일상의 공감을 이끌어내는 화법으로 가까이 다가가는 커뮤니케이션 방식이 리테일의 새로운 성공 방정식으로 떠오르고 있다. 소셜미디어 시대에는 전달하고자 하는 메시지가 지나치게 겉으로 드러나서는 안 된다. 잠영潛泳하

쇼핑? 여기에 다 있지

with <채널 십오야> <한국관광공사>

1층 워터풀가든

3층 FOURM

6층 EATALY

온종일 놀기 딱 좋아

with <피식대학>

1층 구찌 부티크 스토어

5층 블루보틀

지하 1층 에그슬럿

더현대 서울은 다양한 소셜미디어에 등장하면서
새로운 콘텐츠를 창출하는 공간으로 자리 매김하고 있다.

듯 수면 아래로, 고객의 잠재의식과 열망을 건드려야 한다.

직접적으로 브랜드를 홍보하기보다는 그 브랜드를 더현대 서울의 이미지와 조화롭게 '취향의 아이콘'으로 제안할 수 있어야 고객의 반응을 얻을 수 있다. 커뮤니케이션팀은 이를 "씨앗을 뿌린다"라고 표현한다. 소비자에게 일방적으로 메시지를 전달하는 4대 매체를 활용하는 기존의 커뮤니케이션 방식은 자제했다. 또한 유통업계에서 가장 많이 쓰이던 방식 중의 하나인 '전단'을 쓰는 일도 하지 않았다. 전단을 넣은 신문을 보지 않는 집이 많을뿐더러, MZ세대에게 종이 매체보다는 카카오톡 등 소셜 채널이 정보를 주로 얻는 창구가 되었기 때문이다.

그러한 맥락에서 커뮤니케이션팀은 더현대 서울의 오픈을 사전에 홍보하기 위해 '흰디 런'이라는 모바일 디지털 게임도 개발하여 배포했다. 현대백화점의 키 비주얼인 귀여운 흰디가 서울 시내와 백화점을 돌아다니며 알파벳을 찾는 단순한 레트로 형태의 게임이었다. 게임을 좋아하는 MZ세대를 겨냥한 콘텐츠로 약 100만 명의 이용자가 게임에 참여했다고 한다.

전술한 바와 같이 모바일 쇼핑이 일상이 된 MZ세대에게 오프라인은 구매의 장소라기보다 여가의 장소다. 대학내일20대연구소의 조사에 따르면, MZ세대를 대상으로 백화점 방문 목적을 조사한 결과, 처음부터 구매를 목적으로 방문한다는 비율은 41.4퍼센트, 필요한 제품이 있는지 둘러본다는 응답은 38.3퍼센트, 데이트·나들이를 하기 위해서라는 선택지에는 32.9퍼센트, 관심 제품의 실물을 살

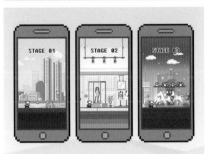

광고보다는 재미를 유발하는 콘텐츠에 반응하는 고객들을 공략해
자체 캐릭터인 흰디를 활용한 게임을 제작했다.

퍼보기 위해서는 30.5퍼센트였다.[5] 구매 목적의 방문이 절반 이하다. MZ세대에게 백화점은 구매의 공간이기도 하지만, 자유롭게 물건을 둘러보며, 그냥 노는 곳이기도 한 것이다.

MZ에게 더현대 서울은 하나의 콘텐츠이자 놀이터다. 더현대 서울에 방문한 고객들은 SNS에 방문기를 적극적으로 올린다. 그렇다면 더현대 서울이 해야 하는 일은 고객들이 공간을 경험하고 자신만의 체험기를 만들어낼 수 있도록 전술한 이야기의 '씨앗'을 지원하는 것이다. 그렇다면 마케팅의 일은 MZ세대의 자발적인 참여를 극대화할 수 있는 소스를 미리 마련해두는 것이다.

예를 들면 커뮤니케이션팀은 브랜드전략팀에서 도출한 '글로벌' '아이코닉' '휴먼' '테크놀로지' '혁신' '미래' '퓨처' '서울' 등의 핵심 메시지를 웹사이트, 홍보기사, 해시태그 등에 계속 노출하면서, 고객들이 이 단어에 기반을 두고 상상력을 더해 자기만의 스토리텔링을 만들게 했다. 고객이 특정 공간에 자기만의 스토리텔링을 만들어나가는 과정을 자사^{百社} 브랜드 서사의 요소로 사용하고자 했던 것이다. 고객들이 특정 공간을 방문하고, 개인 채널에 리뷰를 남길 때는 사업자의 공식 정보를 참고한다는 점을 염두에 둔 일종의 실험이었다. 후에 고객 리뷰를 살펴보니, 이 단어들이 반복적으로 사용되었다.

이런 양상의 바이럴은 더현대 서울 프로젝트를 진행하며 얻은 최고의 발견이자, 성취였다. 고객은 일정 근거에 따라 경험한 공간을 판단하고, 거기에 본인의 상상력을 더해 이야기 짓기를 즐긴다는 가설을 입증한 셈이다. 이러한 전략은 오픈 후에도 이어졌다. 커뮤니케이션팀은 더현대 서울이 오픈하자마자 기존의 '현백에서 뭐하지'라는 영상 코너에 '더현대 서울에서만'이라는 정보전달용 영상들을 만들었는데, 이 영상은 일반 소비자가 보기에 좋다기보다는 인플루언서들이 활용하기 좋은 브이로그 포맷을 유지했다. 더현대 서울에서 제공한 재료를 유튜버들이 각자의 스타일로 조리하는 과정에서 페르소나를 투영할 수 있는 풍부한 세계관이 만들어진다고 믿었기 때문이다. 인플루언서와 유튜버는 늘 새로운 콘텐츠를 찾아 헤매기에, 영상을 그들의 로직에 맞게 만들어주자 널리 전파되기 시작했다. 실제로 개장 이후 유튜버들이 올린 영상 중에서 더현대 서울에서 만든 영상 소스가 놀이처럼 퍼지며 널리 사용된 것을 볼 수 있다. 굳이 광고하지 않아도 광고 효과를 낼 수 있었다.

또한 더현대 서울 오픈 당시 '플로어 가이드'가 방문 인증 놀이처럼 퍼져나가기도 했다. 방문자들이 플로어 가이드를 들고 찍은 사진이 SNS에 유행처럼 올라온 것이다. 제주에서도 종이 관광지도 인증샷 놀이가 유행한 적이 있다. MZ세대가 아날로그 경험에 목마르다는 것을 보여주는 재미있는 사례다.

사실 소비자에게 콘텐츠 해석의 여지를 줌으로써 바이럴을 유도하는 방식은 최근 가장 떠오르는 커뮤니케이션 전략이다. 최근 미국 스포츠 시장의 사례가 재미있다. MLB(Major League Baseball, 미국 프로야구의 최상위 리그로, 내셔널리그와 아메리칸리그를 아우른다)와 NBA(National Basketball Association, 전미농구협회)가 함께 코로나 사태를 겪고 있지만, 크게 타격을 입은 MLB와 달리 NBA의 매출은 증가하고 있다. NBA는 어떻게 이 난국을 극복한 것일까? 이기원 칼럼니스트에 따르면, 바로 MZ세대의 바이럴 파워를 활용하는 NBA의 '느슨한 감시 전략' 덕분이었다. 프로 스포츠의 특성상 저작권과 초상권에 민감하기 마련인데, 엄격하게 저작권을 통제한 MLB와 달리, NBA는 콘텐츠 저작권 위반을 다소 느슨하게 관리했다고 한다. 덕분에 MZ세대 팬들은 하이라이트 영상을 공유하고, 편집해 마음껏 2차 콘텐츠를 만들어, NBA의 바이럴 확산에 자발적으로 기여했다.[6]

이처럼 바이럴을 활용하는 데는 물론 리스크도 있다. 회사가 메시지를 통제할 수 없으므로 어떤 메시지가 어떻게 확산되어 나갈지 예측하기 어렵다. 이러한 위험요소를 최소화하기 위해서는, 인플루언서들에게 소재를 전달할 때, 누가 어떤 정보를 전달할 것인가에 대한 명확한 계획을 세워야 한다. 우선 정보는 충분한 스토리와 함께 전달되어야 한다. 예를 들어 돈가스 전문점을 소개한다면, 그냥 '여의도 맛집이에요' 하는 정보보다는, '돈가스 3대 장인이, 방목해 녹차를 먹여 키운 돼지로, 3주간 숙성시킨 곳'이라는 식의 정보가 효과적이다. 단순한 메시지가 아니라, 깊이 있는 스토리를 전달해야 한다. 이러한 스토리는 진정성을 담보할 때 힘이 세진다. 이를 위해 더현대 서울 커뮤니케이션팀은 OOTD(Outfit Of The Day: 당일에 입은 옷을 개인 SNS에 올리는 것) 형식의 영상을 기획·제작하고 있다. OOTD 영상을 제작하는 이유는 '당신과 같은 라이프스타일을 가진 친근한 사람들이 여기 온다'는 메시지를 간접적으로 주기 위해서다.

친구 따라 강남 가듯, '친구 따라 백화점 가는' 성향을 염두에 둔 것이다.

정보를 누가 전달하느냐도 매우 중요한 문제다. 더현대 서울은 연예인 같은 유명인을 활용하지 않았다. 셀럽(유명인)의 공항패션이 화제가 되며 종종 해당 브랜드의 완판으로 이어지는 경우가 있지만, 더현대 서울은 이런 방식의 홍보는 배제했다. OOTD 영상의 주인공은 더현대 서울의 실제 고객을 주 대상으로 하고 있다. 마치 인플루언서와 일반인 SNS 채널을 보며 동질감을 느끼고 공감을 하듯, 더현대 서울에 방문한 소비자들을 통해 정보를 전달하고자 했다. 정보 전달용 영상으로 제작한 '현백에서 뭐하지'에는 해설자나 리포터가 아니라 실제로 백화점에서 근무하는 직원들이 나온다. 유명한 인플루언서나 연예인과 영상을 제작할 수도 있었지만, 해당 옵션은 고려하지 않았다고 한다. 당장 화제를 만들고 주목을 받는 것보다는 고객 페르소나를 충실하게 반영할 수 있도록 정보의 진정성을 높이고, 직원이 직접 소개하므로 신뢰도를 높여주는 것이 더욱 중요하다고 판단했기 때문이다. 진정성이야말로 바이럴 마케팅의 핵심요소다.

03 모두에게 사랑받고 싶은 자,
   누구에게도 사랑받지 못한다

2020년 6월 「개그콘서트」가 폐지되었다. 1999년 9월 처음 방송된 「개그콘서트」는 대한민국 코미디 역사상 최장수 프로그램이자 지상파 TV에서 마지막 남은 코미디 프로였기에 충격이 적지 않았다. 한때 32.3퍼센트의 시청률(2003년 8월 31일)을 자랑했던 「개그콘서트」는 종방일에 3.3퍼센트라는 저조한 시청률로 막을 내렸다. 사람들은 이를 '공개 코미디 시대의 종언'이라고 표현한다. 그런데 20년간 '국민 프로그램'으로 자리했던 「개그콘서트」마저 침몰한 코미디 불모의 상황에서 아직도 건재한 프로그램이 있다. tvN에서 방영되고 있는 「코미디빅리그」다. 2021년 12월, 「코미디빅리그」는 10주년을 맞았다. 전성기 때와 같은 인기는 아니더라도 계속해서 동 시간대 케이블 시청률 1위를 기록하고 있다. 케이블·종편 공개 코미디 프로그램 중에서는 사실상 유일한 성공작으로 평가받는다.

공개 코미디 종언의 시대에 국민 프로그램으로 불리던 「개그콘서트」는 폐지되었고, 프로그램 이름도 모르는 사람이 적지 않던 「코미디빅리그」는 여전히 건재하다. 그 차이는 무엇일까? 앞에서 설명한 「열린음악회」와 「가요무대」의 차이와 같다. 바로 '타깃'이다. 「개그콘서트」는 전 세대 시청자를 공략해왔다. 손자부터 할아버지까지 온 가족이 일요일 저녁에 모여 「개그콘서트」를 보면서 주말을 마무리했던 기억은 2000년대 초반 누구에게나 익숙한 풍경일 것이다. 「코미디빅리그」는 다르다. '19금' 개그, '센 캐릭터' 등의 소재를 활용하기 때문에, 미성년자나 중장년층이 보기에는 적당하지 않다. 대신 젊은 세대의 호응을 얻었고, 다수는 아니지만 마니아층도 뚜렷한 편이다.

이런 방향성은 지상파와 종편의 차이이기도 하다. 각 프로그램이 의도했다기보다 각각의 플랫폼이 가진 특성에 기반해 발생한 차이다. KBS는 지상파이자 공영방송으로서 불특정다수를 타깃으로 해야 하고, tvN은 케이블 방송사로서 상대적으로 특정 연령이나 취향을 공략하기가 자유롭다. 문제는 요즘 방송 매체 트렌드의 방향이 불특정다수를 대상으로 하는 매스^{mass} 시장에서 정교하고 정밀한 타깃을 대상으로 하는 마이크로^{micro} 시장으로 이동하고 있다는 데 있다. 이러한 이동은 더 작고 세밀한 타기팅^{argeting}, 이른바 '핀셋 타기팅'의 필요성을 키우고 있다.

백화점도 마찬가지다. '명확한 타깃'과 그에 집중하는 메시지에 집중해야 한다. 그래야 고객이 자기 페르소나와 동일시를 느낀다. 모든 세대를 포괄하는 것이 아니라, 특정 타깃에게 맞춤형 트렌드를 전달할 때 정체성이 명확해지기 때문이다. 명료한 콘셉트는 영향력을 더 확산시킬 수 있다. 더현대 서울은 앞에서 언급한 것처럼 오픈 당시 많은 사람이 볼 수 있는 공중파 TV에는 광고를 집행하지 않았다고 한다. 마이크로 사이트와 디지털 환경을 고려해 e-DM, 디지털 게임, SNS 매체를 중심으로 광고 전략을 수립했다. 유일하게 TV 광고를 집행한 채널은 두 곳이었는데, tvN과 TV조선이었다. 지상파 방송이 아니라 케이블과 종합편성채널을 택했다. 전술했듯 케이블과 종합편성채널은 지상파와 비교해 더 명확한 타깃층을 가지고 있다. 널리 알려진 채널보다는 타깃층이 확실한 채널이 홍보에 용이하다고 판단한 것이다.

그중에서 tvN과 TV조선을 선택한 것도 고심의 결과다. 우선 tvN은 쉽게 이해가 된다. 채널과 프로그램 모두 젊은 사람들에게 인기 있기 때문이다. 당시 나영석 감독 연출의 「윤스테이」에 광고를 붙였는데, MZ세대에게 집중적으로 노출될 수 있다고 판단했다. 눈에 띄는 채널은 TV조선이다. 사실 TV조선이 20~30대가 선호하는 채널은 아니다. 하지만 오픈 당시 「미스터트롯」이 큰 화제를 모았고, 명절을 앞두고 가족 단위로 거실에 모여서 티브이를 보는 시간이 늘어날 것을 고려해 광고를 넣었다고 한다. 명절 때는 어르신이 좋아하는 프로그램을 켜놓고 가족들이 모여 밥을 먹고 이야기를 나눈다. MZ세대 외에 보조적으로 50~60대 연령층을 대상으로 홍보하는 작업이 필요했다. MZ세대를 타깃으로 하더라도 기존의 백화점 고객을 완전히 배제하지 않겠다는 의도였지만, 이때도 타깃이 모호한 지상파보다 확실한 50~60대 시청자층을 가진 TV조선이 효과적이라고 판단했다.

하지만 딜레마는 있다. '명확한' 타깃 설정이 필요하기는 하지만, 자칫 고객을 스스로 한정하는 것은 아닐까? 누구든 고기를 많이 잡고 싶기 마련이고, 그렇다면 그물을 넓게 던지지 좁게 던지고 싶은 어부는 없을 것이다. 가장 이상적인 것은 세대를 구별하지 않고 모든 사람이 우리 공간을 찾아오는 시나리오일 것이다. 하지만 커뮤니케이션팀은 단호하게 말한다.

"고기를 많이 낚겠다고, 바다 전체에 그물을 던질 수는 없다."

이것도 하고, 저것도 하다가는 아무것도 할 수 없다. 더욱이 '좁게 던질수록 더 확산되는' 역설이 현대의 매체 환경이다. 자신의 페르소나와 맞고 '우리만 아는 취향과 정보'가 더 빨리, 더 넓게 확산하는 고객 간 커뮤니케이션을 고려할 때, 소수를 극단적으로 자극하는 전략이 필요한 시대다. 모든 세대를 고려한 커뮤니케이션으로는 어떤 세대와도 공감대를 쌓을 수 없다.

04 멋진 상품보다 '힙'한 콘텐츠

공간이 경험의 기능을 수행하다 보니, 상업공간에서 문화콘텐츠의 역할이 더욱 중요해지는 추세다. 더현대 서울을 대표하는 문화콘텐츠 브랜드 중 하나는 알트원ALT.1이다. 알트원은 다목적 공간이지만 기존 백화점에서 공연·연극·영업 행사 등 전통적인 이벤트를 진행하던 다목적홀과는 다르다. '알트원'이라는 네이밍은 세 가지 의미를 담고 있다. 첫째, '아트·라이프스타일·테크놀로지'의 앞글자를 따서 알트ALT라 하고, 이 셋을 선도하겠다는 의미로 숫자 '1'을 붙였다. 둘째, 키보드 자판의 알트alt 키가 화면 전환을 하듯, 끊임없이 새로운 모습으로 변화무쌍한 트렌드를 선도하겠다는 의미다. 셋째, '고객의 삶을 한 발짝 앞서나가게 하겠다Art makes Life Take ONE step forward'라는 의지를 표현했다.

이름만 멋지게 지은 것은 아니다. 다목적 공간을 전문 전시관 '알트원'으로 변신시킨 데는 이유가 있다. 문화콘텐츠팀에서 관할하는 모든 활동의 목적은 직접적 판매라기보다는 '집객'이다. 하이브리드 채널 시대에 사람을 모으는 것은 다른 곳에서도 팔고 있는 멋진 상품이 아니라, 그곳에서만 진행되는 문화적 체험이기 때문이다. 그렇다면 전시공간이 여러 분야의 콘텐츠를 매번 바꿔서 소개하는 것보다 하나의 콘텐츠에 집중하는 것이 집객에 효율적이다. 후술하는 바와 같이 최근 예술 산업이 크게 주목받고 있는데. 전문 공간을 만들어 브랜드 네임이 있거나 대중이 선호할 만한 전시를 꾸준히 유치하면 여러 차원에서 실익이 클 것이라고 판단한 것이다.

알트원의 목표는 예술의전당이나 동대문디자인플라자처럼 새로운 예술 문화를 전문적으로 소개하는 공간으로 포지셔닝되는 것이다. 오픈 후 「앤디워홀: 비기닝 서울ANDY WARHOL: BEGINNING SEOUL」이 성공적으로 전시를 마쳤고, 2021년 7월 첫 선을 보인 「비욘 더 로드Beyond The Road」가 성공을 거두면서, 다수의 기획사가 제안서를 보냈다. 특히 「비욘 더 로드」는 해당 행사의 유치가 쉽지 않아 삼고초려를 마다하지 않고 진지하게 설득했다고 한다. 「비욘 더 로드」는 굉장히 생소한 방식의 전시라 대중성이 다소 떨어진다는 우려가 있었지만, 오픈하자 아티스트를 비롯한 관계자들, 예술계 종사자들, 트렌드에 민감한 이들에게 반응이 매우 좋았고, 트렌드 세터인 이들을 통해 입소문을 탔다.

힙한 콘텐츠란 '반 발짝' 앞서는 것이다. 그렇다면 반 발짝 앞서는 콘텐츠를 어떻게 발굴하는가? MZ세대를 타깃으로 하는 만큼, 그들이 관심 있고, 그들에게 영향을 주는 인플루언서가 누구인지 꾸준히 공부하는 것이 중요하다. 더현대 서울은 '콘텐츠랩'이라는 자체 연구소를 만들어 최신 트렌드를 연구했는데, 2주에 한 번씩 장소·사람·이슈 등을 포괄하는 최신 트렌드 자료를 모아 공유하며 토론했다고 한다. 힙한 콘텐츠를 선별하는 기준도 있다. 알트원 콘텐츠는 예술적 기량이 높고, 위대한 작가로 성장할 가능성이 있으나 아직 국내에 알려지지 않은 작가의 작품으로 채운다. 새로운 영감을 제시할 도전적인 작품을 유치하는 것이 목표다. 즉 대중성보다는 예술적 기량이나 퀄리티에 방점을 찍어 작품을 선정할 예정이다.

이렇게 정리한 자료들을 데이터베이스화해서 문화센터 'CH 1985' 콘텐츠를 기획하고, 강사를 섭외할 때에도 유용하게 활용하고 있다. 지금은 문화센터가 백화점의 필수적인 요소지만, 한국에 처음 백화점에 들어섰을 때만 해도 문화센터라는 개념은 낯설었다. 1985년 한국 최초로 백화점에 문화센터 개념을 도입한 것은 현대백화점이었다. 당시에는 참신했을지 모르지만, 이제는 '문센'이라는 줄임말이 널리 통용될 정도로 이후 30년 동안 문화센터는 친숙한 공간이 되었다. 새로운 정체성을 표방하는 더현대 서울에 문화센터 역시 새로운 변화의 모멘텀이 필요했다. 문화센터를 처음 한국에 도입했던 성취를 뛰어넘을 수 있는 문화센터의 브랜드화를 만들자는 취지의 네이밍이 바로, '컬처하우스 1985 Culture House 1985, CH 1985'다.

최초의 문화센터를 리브랜딩하는 과정에서 내부 디자인팀의 역할이 컸다고 한다. 사실 '최초'라는 수식어에는 명암이 있다. 전통과 역사성이 도드라지는 만큼 오래되고 낡고 진부한 이미지가 수반되기 때문이다. 디자인팀은 브랜드 이미지 통합화 작업Brand Identity, BI뿐 아니라 관련 애플리케이션까지 모두 새롭게 디자인했다. 컬처하우스 1985의 타깃도 MZ세대로 잡았다. 그러다 보니 프로그램도 자연스럽게 40~60대 고객을 중심으로 하는 기존 백화점과는 차별화되었다. 예를 들어 CH 1985에는 백화점의 필수 콘텐츠라고 할 수 있는 '아동 대상 강좌'가 없다. 개설 요구는 많았지만, 젊은 세대에 집중하고자 유아동 콘텐츠는 배제했다고 한다.

프로그램이 '일대다'의 일방향 강의식으로 전달되는 것을 지양하고, 수업료를 올리는 대신 모객 수를 줄였다. 문화센터의 핵심은 프로그램과 강사진이다. 먼저 아티스트 반열에 올랐거나 업계에서 인지도가 높은 강사를 섭외하기 위해 최선을 다했다. 소위 요즘 '핫하다'고 소문난 강사들을 섭외하기가 쉽지 않았지만, 저돌적으로 밀어붙였다. 특히 타깃 고객인 MZ세대에게 인지도 높은 강사를 섭외해 CH 1985 강좌가 유행을 선도하는 이미지를 유지할 수 있도록 강좌의 디테일을 더 끌어올리고 있다. 아트북을 진열하여 자유롭게 볼 수 있도록 집기를 제작하여 설치해 더현대 서울의 브랜드 정체성과 일관성을 유지할 수 있도록 했다. 또한 목공연필·토트백·파우치 등의 굿즈를 만들어 CH 1985 이용 고객들에게 새로운 라이프스타일을 제안하기도 한다. 사진을 찍어 SNS에 공유하는 특성을 고려해 문화센터의 운동 클래스에 '파워플레이트'를 들여놓는 식으로 최고급 기구를 갖추고, 탐나는 굿즈를 기획한 것은 기존 백화점과 차별되는 지점이라고 할 수 있다.

복합문화공간 알트원에서 열린 「비욘 더 로드」 전시

05 코로나 이후 공간 문화콘텐츠의 지향점

코로나19로 공연, 이벤트 업계 전체가 큰 타격을 입고 있다. 고객을 위해 다양한 체험 프로그램을 기획하는 문화콘텐츠도 그 타격을 피해갈 수는 없었다. 궁여지책으로 CH 1985는 온라인 강의를 활성화했다. 온라인으로나마 고객과의 관계를 유지하고자 한 것이다. 문제는 문화콘텐츠의 목적이 '집객'이라는 것이다. 코로나19를 피하고자 온라인 강의를 활성화하면 집객이라는 목적을 달성하기 어렵다. 또한 요가나 필라테스 같은 체험 중심 강의는 온라인 수업으로 운영하는 데 한계가 있다. 코로나19가 장기화됨에 따라, 이런 딜레마를 절충하기 위해 온라인 수업의 장점을 살려 온라인과 오프라인을 병행해 진행하는 옴니버스 방식을 문화센터 운영에 도입했다. 직장인은 주중에 시간이 없으니 화요일과 목요일에는 온라인 강의를 듣고, 주말에는 오프라인으로 강의를 듣는 식이다.

코로나 사태는 문화계 전반에 큰 악영향을 미쳤지만, 미술계와 전시업계가 상대적으로 공연 쪽보다는 사정이 나은 편이었다. 미술·전시 분야는 콘텐츠 성격이 정적이고 시간을 두고 관객을 통제하는 것이 가능하기 때문이다. 백화점도 마찬가지다. 공연은 한정된 공간에 다수의 관객을 유치해 일회성으로 진행이 되는 탓에 코로나 기간에 개최하기 쉽지 않지만, 전시는 시간별로 관람객을 통제할 수 있기에 진행 가능하다.

최근 MZ세대는 미술품 투자에 관심이 매우 높다. 젊은 세대의 미술품 투자에 관한 관심이 크게 늘면서 미술시장은 사상 최대의 호황을 누리며, 2021년 경매 최고 낙찰률, 갤러리 최고 판매 실적, 작품 최고가 낙찰 등의 기록을 세웠다. 코로나19로 해외 시장 접근이 제한된 데다 자금 유동성이 미술품 시장까지 넘어왔으며 MZ세대를 중심으로 초보 컬렉터들이 대거 등장했기 때문이다. 이에 백화점 역시 갤러리 공간을 표방하며 미술작품의 전시와 판매를 통해 고객경험과 매출 증대를 함께 도모하는 새로운 비즈니스모델을 접목하고 있다. 영국의 유명 백화점 해러즈Harrods는 2020년 1월 핼시온 갤러리Halcyon Gallery와 함께 백화점 3층에 아트 갤러리를 론칭해, 백화점에서 즐길 수 있는 작품을 온라인에서 판매했다. 프랑스의 갤러리 라파예트Galeries Lafayette 백화점도 1층에 있는 문화 공간 갤러리 데 갤러리Galerie des Galeries에서 시즌별로 예술작품을 전시한다.

이런 경향을 반영해 더현대 서울 문화콘텐츠팀은 갤러리들과 협업하여 고객들을 상대로 작품을 전시, 판매하고 있다. 예를 들면 원

문화를 축으로 하는 커뮤니티 플랫폼 CH 1985

화가 아닌 판화를 판매하는 '프린트베이커리'에서 박서보 화백의 작품 99점을 대체불가토큰^{NFT}으로 만들어 판매했는데, 이 작품을 사기 위해 고객들이 줄을 이었다고 한다. 명품이 아니라 미술작품 앞에 사람들이 긴 줄을 서는 진풍경을 보며 오랜 백화점 영업 경력을 가진 시니어 관리자조차 감탄을 금치 못했다고 한다.

MZ세대는 예금, 적금 등의 전통적인 재테크보다는 주식, 코인 등 공격적인 투자 방식을 선호한다. 『트렌드 코리아 2022』에서 2022년 트렌드로 '머니러시$^{money rush}$'라는 키워드를 통해 젊은 세대들의 투자 성향을 이야기한 바 있다.[7] 젊은 세대의 이런 성향이 미술품으로 확장되어 '소유'보다는 '투자' 개념으로 작품을 구매하고 있다. 원화가 아님에도 작품 금액이 가벼운 것도 아니다. 400만~800만 원에 이르는 미술품에 투자하는 MZ세대의 저력으로, 프린트베이커리는 5억 원의 하루 매출을 달성하기도 했다. 하나의 브랜드가 선전했을 때, 한 달에 2억~3억 원의 매출을 올리는 것을 감안하면 놀라운 기록이다. 새로운 트렌드를 제안했을 때, 폭발적인 고객 반응이 온다는 것을 입증한 사례다. 이러한 실적에 자신감을 얻어 알트원은 향후 2030 고객을 겨냥한 '아트 워크'를 유치할 계획이라고 한다. 잠재 가능성이 큰 재능 있는 신진작가들을 소개함으로써 알트원을 모종의 신진작가 등용문으로 만들 예정이다. 미술 분야는 이래저래 백화점의 화두다.

앞서 궁극의 명품은 '아트'고, 백화점의 미래는 예술에 달려 있다고 지적한 바 있다. 그동안 백화점의 부대 산업으로 치부되었던 문화콘텐츠 분야가 앞으로 더욱 중요해질 것이다. 사실 문화콘텐츠 영역은 매우 광범위하다. 상품 판매라는 백화점의 핵심 역량에서는 약간 비켜서 있었지만, 이제는 온라인에 빼앗긴 고객을 끌어들이는 가장 중요한 역할을 수행하고 있다. 향후 백화점의 문화콘텐츠 영역은 고객의 윤택한 삶의 방식을 지원한다는 비전을 가지고, 라이프스타일, 취향, 아트 등 추상적 성격의 문화적 키워드를 자사(自社)만의 스타일로 해석함으로써 핵심 고객의 페르소나를 얼마나 구체적으로 구현하느냐에 성패가 달려 있다.

리테일테크

: 공간, 기술을 입다

PART 5

RETAIL TECH

기술이 중요한 시대다. 오프라인 공간에 다양한 기술을 접목하려는 시도가 전 세계적으로 활발하다. 특히 코로나19 이후 이러한 현상은 더욱 가속화되고 있다. 백화점을 비롯한 오프라인 공간을 찾는 사람들은 줄어드는 가운데, 유통업계에서는 첨단 정보통신기술을 빠르게 현장에 확대 적용함으로써 온라인으로 쏠리는 소비자들을 사로잡기 위해 고군분투 중이다. 이처럼 유통에 적용할 수 있는 실제 첨단기술을 '리테일테크retail technology'라고 부른다.

리테일테크 중에서도 오프라인 공간에 온라인의 편리함을 더한 경험을 '피지털Physital'이라고 한다. 물리적 공간을 의미하는 '피지컬physical'과 '디지털digital'의 합성어다. 디지털을 활용해 오프라인 공간에서 경험을 확대한다는 뜻이다.[1] 황지영 교수에 따르면, 피지털은 ▲ 상품정보 검색(스마트 디바이스가 맞춤형 상품을 추천) ▲ 구매(셀프 체크아웃과 무인매장) ▲ 픽업·교환·환불(온라인에서 구매하고 매장에서 받기) ▲ 배송(매장을 풀필먼트 센터로 활용) 등 유통의 모든 국면에 적용될 수 있다. 피지털은 온라인의 편의성을 오프라인에 녹여내는 '경험의 융합'이 핵심이다.[2] 이 중에서 더현대 서울 무인매장의 피지털이 어떻게 페르소나 공간 구현에 기능하고 있는지 살펴보자.

01 피지털의 시작, 언커먼스토어

오프라인 공간에 다양한 기술을 활발하게 적용하고 있는 기업은 역설적이게도 세계 최대의 온라인 기업 아마존이다. 아마존은 2018년 세계 최초로 무인 자동화 매장 아마존고Amazon Go를 오픈하면서 '저스트 워크아웃Just Walk Out' 기술을 선보인 바 있다. 저스트 워크아웃은 계산대에서 계산하는 과정을 거치지 않고, 매장에서 물건을 들고나오면 아마존에 등록된 계좌에서 자동 결제가 되는 시스템이다. 2021년 12월 기준, 저스트 워크아웃 기술은 여섯 개의 아마존 프레시Amazon Fresh 매장에서 사용되고 있다.[3]

나아가 영국 식료품 업체 세인즈버리Sainsbury's는 아마존의 저스트 워크아웃 기술을 사용한 최초의 국제 제삼자 소매업체가 되었고,[4] 2021년 11월 뉴욕 어퍼 이스트 사이드에 있는 스타벅스는 아마존고와 협력하여 첫 번째 스타벅스 픽업 매장을 열기도 했다.[5] 마케팅 리서치 회사 주피터리서치는 2022년까지 유통기업들의 AI 투자가 73억 달러(한화 8조 7000억 원)를 넘을 것으로 전망한 바 있다.[6]

전 세계 유통업체가 무인매장의 진보를 지켜보는 가운데, 우리나라에서도 24시간 문을 열어야 하는 편의점 업계를 중심으로 적용 시도가 늘고 있다. 더현대 서울에도 무인매장이 있다. 더현대 서울의 시그니처 공간 중 하나인 '언커먼스토어'는 백화점에는 이례적이지만, 트렌드 변화에 선제적으로 대응하겠다는 의지가 반영된 매장이다. 언커먼스토어는 한국 백화점 최초의 무인매장이다. 현대식품관 앱에 결제수단을 미리 등록하고 QR코드를 스캔하면 입장이 가능하다. 약 10평 규모 공간은 편의점 콘셉트로 운영된다. 트렌드를 앞서가는 아이템부터 간단한 음료, 과자, 치약까지 200여 개 상품이 진열되어 있으며, 원하는 상품을 들고 출구로 나오면 전자 영수증과 결제 알람이 스마트폰에 뜬다. 상품을 집었다가 다시 내려놓으면 결제 목록에서 사라진다. 천장에 설치된 40여 대의 AI 카메라와 150여 개의 무게 감지 센서가 카메라 비전 기술과 무게 변화로 고객 구매 행동을 읽어내고, 고객 동선과 상품 이동을 추적한다.[7]

언커먼스토어는 '아마존고'에서 영감을 받아 IT 사업부, 인테리어 관련 부서, MD 관련 부서가 협업해 만든 결과물이다. 언커먼스토어의 기술적인 부분은 현대백화점그룹의 IT 전문 자회사인 현대 IT&E가 아마존웹서비스[AWS]와 협업을 통해 탄생시켰다. 현대백화점그룹과 아마존웹서비스가 협력 협약을 맺은 것은 2018년 8월이다. 코로나 이전부터 미래형 유통매장 구현을 준비한 것이다. 물론 쉬운 과정은 아니었다. 개발 초기에는 아마존고를 무작정 찾아가 조언과 도움을 구했지만, 아마존고는 더현대 서울 측이 과연 "무인스토어를 실제로 구현할 수 있을지" 의심했다고 한다. 협약했다고 모든 기술을 이전받은 것은 아니다. AWS 프로토타이핑팀이 클라우드와 인공지능, 사물인터넷 등 새로운 기술 활용과 서비스, 아키텍처 구성 등에서 많은 도움을 주었지만, AWS 기반의 응용 기술과 인공지능 머신러닝 등에는 자체 연구한 기술을 바탕으로 현대백화점만의 자동결제 시스템이 적용되었다.[8] 이는 국내 백화점 중 최초의 사례로 평가받는다.

사실 무인매장의 핵심은 정확도다. 정확도가 떨어진다는 것은 상품을 세 개 구매했는데 두 개만 결재되거나, 장바구니에 담지 않은 상품이 결재되는 등의 오류를 일컫는다. 언커먼스토어의 구매과정 정확도는 현재 99퍼센트다. 아직 완벽하다고 말하기는 어렵다. 현재는 제품에 대한 궁금증이 생겨도 어떤 도움을 받기가 어렵다. 매장 밖에 직원이 있지만 상품의 전문가들은 아니다. 주로 입장 전 회원가입 과정을 코칭하는 업무를 맡고 있다. 곧 개점할 2호점에는 'AI 상품 매니저'를 도입해 새로운 리테일테크를 지속적으로 접목할 예정이다. 일반 매장에 쇼핑 매니저가 있는 것처럼, 매장 내 'AI 상품 매니저'를 도입해 무인 스토어 쇼핑의 어려움을 해결한다는 계획이다. 예컨대, AI 스피커를 눌러 상품 설명을 듣는 방식으로 운영이 될 예정이다.

언커먼스토어의 정확도를 실험하기 위해 짓궂은 장난을 치는 고

언커먼스토어는 물건을 직접 보고 고르는 오프라인 쇼핑의 즐거움을 환기하기도 한다.

객들도 있다고 한다. 실제로 유튜브에서 정확도를 실험하는 영상을 어렵지 않게 찾을 수 있다. 예를 들면 이런 식이다. "카메라가 인지하지 못하도록 물건을 숨겨서 갖고 나가면 계산이 될까?", "두 사람 중 한 사람이 물건을 집었다가 다른 사람에게 넘겨주면 누구의 계정으로 계산이 될까?" 초기에는 인공지능 운영체제가 고객의 이동 동선을 잡지 못하거나 계산 오류가 발생하는 사례도 있었지만, AI가 지속적으로 학습을 거치면서 이런 오류는 대부분 개선되었다고 한다. 사실 정확도가 99퍼센트인지 100퍼센트인지 소비자는 별로 개의치 않는다. 소비자들은 새로운 개념의 무인 매장이 그저 즐겁고 재밌다. 새로운 리테일테크를 경험하고 체험하는 과정 자체가 핵심이라는 뜻이다.

언커먼스토어도 마찬가지였다. 흔히 무인매장은 비용 절감을 통한 매출 증대에 목적을 두는 것으로 알려져 있다. 이에 대해 언커먼스토어 기술 구현을 총괄한 현대 IT&E 김석훈 상무는 "언커먼스토어는 다른 무인매장처럼 단순히 비용 절감 차원에서 출발한 것이 아니다. MZ세대를 타깃으로 감성적이고 독특한 콘텐츠를 담고 싶었다"라고 말한다.[9] 고객 스스로 첨단 리테일테크를 경험하고, 인스타그램에 공유할 만한 소재가 있는 상징적 공간을 만들고자 했다는 것이다.

언커먼스토어가 콘텐츠의 상징이 되기 위해서는 콘셉트가 명확해야 했다. 더현대 서울은 언커먼스토어의 인테리어 콘셉트를 '숨은 보석'으로 잡았다. 사실 언커먼스토어는 6층 구석에 자리한다. 눈에 띄는 입지가 아니었기에 번쩍번쩍한 인테리어로 존재감을 부여했다. 이러한 인테리어는 실내정원을 표방하는 사운즈 포레스트와의 차별점을 고려한 것이기도 하다. 현실적으로 구석진 자리에 있는 10평 남짓한 작은 매장을 조금이라도 눈에 띄게 하려면, 다른 공간과의 차별화가 필요했다.

첨단을 넘어 매력적인 공간이 되려면 상품 구색도 중요하다. 언커먼스토어는 무인 편의점이지만 흔한 편의점은 아니다. 언커먼스토어의 메인 MD는 PART 3에서 언급한 나이스웨더다. 언커먼스토어에서는 라이프스타일 브랜드 '제로퍼제로', 배달의민족에서 만든 굿즈 브랜드 '배민문방구', 2019년부터 현대백화점에서 자체 개발한 캐릭터 '흰디 굿즈' 등도 판매한다. 유행에 민감한 MZ세대를 고려해 MD 교체 주기도 한두 달 간격으로 줄였다.

또한 팝업스토어 개념을 도입해 상품을 순환시킴으로써 끊임없이 변화하는 브랜드 이미지를 만들고 있다. 현재는 인플루언서들이 직접 상품을 기획해서 상품을 파는 '아이스 크리에이티브' '오롤리' 등을 팝업 형식으로 유치한 상태다. 콘셉트와 MD를 통해 브랜드가 형성되기 시작하자 협력사들도 대체로 입점을 반기는 분위기다. 더현대 서울 측에 따르면, 유치를 제안한 브랜드보다 입점을 희망하는 협력사의 수가 더 많다고 한다. 매장 면적상 들어올 수 있는 브랜드가 한정적이다 보니 MD의 시의성, 이슈성, 콘셉트 파급력을 검토해 입점을 확정한다.

새로운 기술이 공간 체험, 공간 경험의 요소로 부상하고 있다. 이때의 기술이란 기술 그 자체로 존재하는 것이 아니라 MZ세대를 위한 콘텐츠로 가치를 지닌다. 2020년 9월 오픈한 이래로 지금까지도 MZ세대의 강남 놀이터로 불리는 LG 유플러스의 '틈'이 대표적이다. 틈은 '일상비일상의 틈'이라는 콘셉트로 무인매장과 플래그십 스토어를 결합한 총 여섯 개 층으로 구성된 복합문화체험공간이다. MZ세대를 위한 놀이 공간을 표방하지만, MZ세대는 이곳의 다양한 콘텐츠를 체험하면서 LG 유플러스의 기술을 경험한다. 제품을 홍보하거나 기술을 보여주기 위해 만든 공간이 아니라 콘텐츠를 즐기면서 LG 유플러스를 자연스럽게 떠올리는 효과를 기대하는 것이다.[10] 이역시 '기술의 페르소나'라고 부를 만하다.

02 기술은 고객경험을 향한다

무인점포처럼 첨단기술이 굳이 필요하지 않은 매장에서도 리테일테크는 빛을 발한다. 이 경우에는 매끄러운 고객경험을 실현하는 것이 가장 큰 목표다. 대기 줄이 길게 늘어선 식품관이 좋은 예다. 고객의 대기시간은 그 자체가 비용이다. 고객뿐 아니라 백화점에서도 마찬가지다. 고객들이 대기하느라 쇼핑을 할 수 없다면 매출은 감소할 것이기 때문이다. 예컨대 판교점 매그놀리아는 평균 대기시간이 두 시간이었다. 보통 두 시간을 머물면 주차 시간이 다 되어 쇼핑할 겨를 없이 백화점을 떠나야 한다. 또 무엇보다 고객 불만이 컸기에 이를 해결하기 위해 '웨이팅 시스템'을 도입했다. 모바일 앱 '현대식품관 투홈'을 사용하면, 모바일에서 브랜드별로 웨이팅을 걸 수 있다. 식당뿐만 아니라 모든 층에 있는 키오스크에도 미래형 웨이팅 시스템을 도입했다. 웨이팅 시스템을 도입한 후 고객의 컴플레인이

현대백화점에서 파는 먹거리를 그대로 집까지 옮겨주는 현대식품관 투홈 서비스

현저히 줄어들었다.

델리 매장에도 의자와 테이블에 QR코드를 도입해 주문과 결제 시스템을 정비했다. 테이블마다 QR코드를 부착하고, QR코드를 찍으면 원하는 식당의 메뉴를 주문할 수 있다. 예전에는 음식이 준비되면 전동 벨로 알렸지만, 더현대 서울은 고객 휴대전화로 메시지를 보낸다. 이 시스템을 '테이블 오더'라고 하는데, 현대식품관 '투홈'이라는 온라인 플랫폼이 있어 제공할 수 있는 서비스다. 온라인 플랫폼 투홈에 기반을 두고 웨이팅 시스템, 테이크아웃 시스템도 개발했다.

더현대 서울의 판매 지원 전략은 이처럼 '불편을 제거'하는 것에 방점을 두고 있다. 실제로 『챌린저 세일』의 저자이자 세계 유수의 자문 회사 CEB의 디렉터인 매슈 딕슨^Matthew Dixon^은 "고객은 기대 이상의 서비스를 제공해주는 것보다 번거롭지 않게 해주는 서비스를 더 바란다"라고 지적한다.[11] 기대 이상의 놀라움을 줄 수 있는 서비스에 앞서 일단 소비자가 당면하고 있는 문제를 잘 해결해주는 서비스가 원활한 고객경험의 출발이 된다.

리테일테크는 데이터를 기반으로 구현된다. 예컨대 전술한 현대식품관 앱은 고객 편의를 위해 휴대폰 번호만 입력하면 회원가입이 마무리되는 '간편 회원' 방식을 도입했는데, 웨이팅 시스템은 이 앱에 가입한 회원 정보를 기초로 움직인다. 이렇게 확보한 회원 정보가 30만 명 정도다. 이 정보는 단지 대기시간을 줄여주는 것이 아니라, 쇼핑 큐레이팅이나 개인화 추천 등 회원 개인에게 맞춤화된 서비스로 진화해야 한다. VIP 고객을 위한 개인화 서비스를 현재 개발 중인데, 조만간 일정 부분 가시화될 전망이다. 그렇게 되면 더현대 서울의 고객경험은 진일보할 것이다.

미래형 리테일은 단순히 하이테크 기반으로 움직이는 것이 아니다. 발전된 기술을 감성과 결합시키는 과정이 더욱 중요하다. 과학기술이 비약적으로 발전하는 현대사회에서 테크, 즉 기술은 일종의 기본값이다. 따라서 미래형 리테일의 핵심은 기술이 아니라 오히려 문화와 감성에 있다. 기술과 감성의 조합을 가장 효율적으로 보여주는 전시와 같은 매체를 개발해야 한다. 기술 발전이 고객에게 주는 직접적인 이익은 '시간 절약'이기 때문에, '절약한 시간을 어떻게 쓰게 할 것이냐' 하는 문제가 미래형 리테일의 핵심 화두여야 한다. 기술로 절약한 시간을 감성적으로 소비하게 만드는 이동 동선을 제안하는 것이 미래형 리테일의 이상적 구조일 것이다.

시간을 기준으로 하면 상품은 '시간절약재'와 '시간사용재'로 나눈다. 시간절약재는 일회용품처럼 시간을 절약해주는 상품이고, 시간사용재는 영화감상처럼 시간을 사용해야 하는 상품이다. 현대의 소비자들은 시간절약재에 돈을 들여 확보한 시간을 시간사용재를 구매하는 데 쓴다. 시간이 곧 상품인 시대다. 시간을 아꼈다는 것과 시간을 벌었다는 것은 다르다. '아꼈다'는 주어진 시간을 효율적으로 사용했을 때 얻어지는 결과이고, '벌었다'는 기대하지 못했던 무언가를 할 수 있는 추가 시간이 생겨난 것에 대한 만족감과 연결된다. 리테일테크의 지향점은 기능적인 목표 달성으로 '아껴진' 시간보다 감성적인 충족감으로 체류하는 '벌어진' 시간의 기획이어야 한다. 아껴진 시간이 아니라 벌어진 시간이 고객의 시간적 여백과 재량을 넓혀줌으로써 페르소나 공간의 장소성에 기여하기 때문이다.

이제 공간과 기술을 고려할 때는 시간을 함께 디자인해야 한다. 그들이 보낼 시간을 미리 들여다보며 디자인해야 한다. 시간과 공간을 하나의 단위로 묶어 '시공간'이라는 개념이 나왔듯 이제 공간을 디자인할 때에는 시간을 적정 단위로 나누어 사용자의 라이프사이클에 맞는 행위와 관심을 제안해주는 시공간디자인 계획이 나와야 한다. 시간이 후딱 지나는 것 같은 느낌과 지루하고 불편하게 느껴지는 감정은 공간디자인이 사용자의 시간까지 디자인했느냐, 디자인하지 않았느냐로 판가름이 날 것이다. 리테일테크는 바로 이 지점을 지원해야 한다.

03 리테일 빅블러의 시대, 데이터로 쇼핑경험을 설계하라

전술했듯이 오프라인 공간에 기술을 가장 활발하게 사용하고 있는 기업은 아마존이다. 코로나19로 모두가 오프라인의 위기를 말하는 지금, 아마존은 온라인의 테크 노하우를 담은 오프라인 매장을 확장하는 추세다. 현재 아마존이 운영하는 오프라인 마켓의 종류는 총 다섯 가지다. 온라인 데이터를 활용한 오프라인 서점 '아마존 북스', 무인으로 운영되는 편의점 '아마존고', 신선식품 전문점 '홀푸드 마켓', 아마존에서 리뷰가 좋은 전자제품과 주방용품 등을 모아놓은 '아마존4-star', 맞춤형 식료품 매장 '아마존 프레시'다. 이 매장들을 모두 합하면 2020년 현재 총 560여 개 정도다.[12] 2021년에는 오하이오주, 캘리포니아주 등에 일반 백화점의 약 3분의 1 규모의 백화점을 오픈하겠다는 계획을 밝힌 바 있다.[13]

이커머스 최강자 아마존은 왜 오프라인 매장을 확대하는 것일까?

미국의 경우 2021년 1분기 기준으로 소매시장에서 전자상거래가 차지하는 비중이 13.6퍼센트에 불과하다. 미국 전체 소매시장으로 봤을 때 오프라인의 비중이 여전히 유의미하다고 판단하는 것이다.[14] 한국도 마찬가지다. KB금융지주 경영연구소의 2021년 조사에 따르면, 미국보다 훨씬 전자상거래 비중이 크지만 급격한 성장에도 불구하고 여전히 50퍼센트 이상의 비중은 오프라인이 차지하고 있다.[15] 전체 시장을 잡기 위해서는 온라인도 중요하지만, 오프라인도 간과할 수 없다.

더 중요한 목적은 데이터에 기반을 둔 고객경험 설계에 있다. 온라인에서 수집한 데이터를 바탕으로 오프라인 매장을 찾는 고객들에게 적합한 제품이나 서비스를 추천함으로써 오프라인에서 고객경험을 극대화하고 있다. 예를 들어 아마존 프레시에서는 고기를 구매할 때 소비자가 원하는 만큼, 원하는 모양으로 썰어준다. 대패 삼겹살을 먹고 싶은 사람, 통삼겹살이 필요한 사람, 뼈가 붙은 삼겹살을 좋아하는 사람 등 각각의 니즈를 세분화해서 맞춰줄 수 있다. 무인상점의 목적도 데이터 수집에 있다. 기존의 데이터가 온라인을 기반으로 했다면, 오프라인에서 모이는 데이터는 더 폭넓은 관찰 결과를 얻을 수 있다. 예를 들어 매장 내 소비자들의 동선, 표정, 몸짓 등의 파악이 가능하다.

이처럼 유통시장에서 온라인과 오프라인의 경계를 구분하는 것은 무의미해지고 있다. 최근 산업 간의 경계가 무너지는 현상을 '빅 블러Big Blur'라고 부르는데, 유통산업도 예외가 아니다. 이러한 '리테일 빅블러'의 시대에는 각각의 장점을 효과적으로 발휘할 수 있도록 융합하는 매끄러운 심리스seamless 전략이 중요하다. 더현대 서울 또한 장기적인 관점에서 온라인과 오프라인을 같은 맥락에서 운용하는 전략에 속도를 높일 예정이다. 온라인과 오프라인 각각에서 가격 경쟁을 하는 것이 아니라, 온라인 플랫폼과 오프라인 플랫폼을 동일한 브랜드로 운영하고, 오프라인 상품을 다채널을 통해 똑같이 구매할 수 있도록 통합 환경을 구축하는 것을 목표로 한다.

그동안 오프라인 매장은 데이터와 디지털의 사각지대였다. 온라인과 달리 분석 가능한 형태의 데이터를 생산하기 어려워 판매 시점 정보관리Point Of Sales, POS 분석 정도가 가능했는데, 최근 데이터 기술이 발달하면서 오프라인 매장에서도 데이터 분석 관리의 과학화가 급격히 진행되고 있다. 예를 들어 CCTV 영상을 AI로 분석해 고객 분석이 가능한 스마트 매장으로 변신할 수 있게 된 것이다. 스타트업 '메이아이'는 장비의 추가설치 없이 기존 CCTV로 촬영한 영상을 방문객의 성별·연령·행동 등으로 분석할 수 있다고 한다.[16]

더현대 서울에서 처음으로 선보인 리테일테크의 집약체, 언커먼 스토어가 그리는 미래도 다르지 않다. 단순한 판매 데이터뿐만 아니라 고객의 행동 데이터, 구매 패턴 등을 통해 고객경험을 세밀하게 설계하는 것이 궁극적인 목표다.[17] 세밀한 고객경험이란, 소비자의 니즈를 정확하게 맞춰줄 수 있는가를 의미한다. 경제학자 마이클 바스카Michael Bhaskar는 저서 『큐레이션』에서 "오늘날 가치의 중심은 선택의 폭이 너무 넓은 데서 비롯되는 문제를 해결하는 데 있다"라고 했다.[18] 현대인은 결핍이 아니라 과잉 때문에 고통받고 있으므로, 개인에게 적합한 혹은 개인의 페르소나에 맞는 물건이나 정보를 선별해주는 일 자체가 현대 비즈니스, 브랜딩의 핵심가치가 되었다.

서문에서 언급했듯이 리테일테크의 시대가 시작되는 시점에서 온라인과 오프라인을 구분하는 이분법적 사고는 어쩌면 질문부터 잘못된 것인지도 모른다. '온라인과 오프라인 중 어떤 채널을 택할 것인가'라는 물음보다 본질적인 질문은 '상품 과잉의 시대를 살아가는 고객에게 시대에 맞는 선택지를 제안할 수 있는가'이다. 소비자 각자의 취향과 만족을 최우선으로 하는 '나만을 위한 소비'를 '온미맨드 on-memand(소비자 요구에 따른 즉각적 제공을 일컫는 온디맨드[on-demand]를 패러디한 용어)'라고 한다.[19] 페르소나 공간이 되기 위한 리테일테크는 정교한 데이터기술을 통해 세분화된 니즈를 충족시키고, 더 나은 취향을 제안함으로써 '온미맨드' 시대를 선도할 수 있어야 한다.

오프라인 리테일은 위기인가? 과거처럼 단지 100가지의 물건을 늘어놓는 공간이 위기일 뿐이다. 상품을 직접 눈으로 보고, 손으로 만지며 느끼는 쇼핑의 본질적 즐거움은 사라지지 않을 것이다. 리테일테크는 늘 새로운 쇼핑의 즐거움을 찾는 소비자를 사로잡기 위한 미래 유통의 열쇠가 될 것이다.

에필로그

페르소나 공간으로 진화하라

리테일 아포칼립스 시대에 팬데믹 사태와 부적절한 입지의 약점을 딛고 더현대 서울이 이처럼 큰 성공을 거둔 요인은 무엇일까? 화려한 공간연출 같은 눈에 보이는 변화가 두드러지기는 하지만, 조금만 더 깊이 있게 들여다보면 그 성공의 이면에는 공간뿐만 아니라, 타기팅과 콘셉트 확립, 고객경험Customer eXperience, CX, 머천다이징, 커뮤니케이션과 마케팅, 콘텐츠, 리테일테크의 혁신이 총망라돼 있고, 그 혁신을 가능하게 한 조직문화가 매우 중요한 역할을 하고 있다. 더현대 서울은 트렌드가 격변하는 뉴리테일 시대에, 오랜 백화점업의 유산legacy를 충실히 따르면서도 타깃 지향적이고 일관된 전략을 통해 페르소나 공간을 성공적으로 구축했다고 평가할 수 있다.

'이 요동치는 뉴리테일의 시대를 살아남기 위해,

우리는 더현대 서울에서 무엇을 배울 것인가?'

　이 질문은 유통업을 넘어 코로나 이후 더욱 격렬하게 변화할 다양한 트렌드에 대응해야 하는 모든 존재의 문제를 포괄한다. 본문에서 일부 언급하기는 했지만, 페르소나 공간으로 진화하기 위해 놓쳐서는 안 될 가장 중요한 핵심을 첫째, 성공 체험을 뛰어넘는 혁신 둘째, 매끄러운 고객경험 셋째, 이 모든 결정을 가능하게 한 조직문화라는 세 가지 측면에서 정리하고, 마지막으로 뉴리테일 시대 페르소나 공간의 필요성에 대해 다시 한번 강조하고자 한다.

01 약점은 나의 힘

여의도는 백화점이 들어서기에 단점이 너무 많은 지역이라는 점을 지적했다. 역설적이지만 더현대 서울을 만드는 과정에서 여러 단점이 오히려 장점으로 작용했다. 상권이 왜소해서 어차피 지역 백화점으로는 가능성이 없으니, 광역상권을 지향하는 점포가 되어야 했다. 입지가 좋지 않아 흔히 '에루샤(에르메스, 루이비통, 샤넬)'로 불리는 3대 명품은 물론 유명 브랜드가 입점을 꺼리니, 콘셉트가 분명하고 개성 있는 브랜드를 유치해야 했다. 특히 개장 준비가 한창이던 2020년은 코로나로 세계가 셧다운된 기간이었다. 입점을 위해 외국 브랜드와 협의를 진행해야 하는데 만날 도리가 없으니, 알려지지 않았을지라도 국내 브랜드를 개발해야 했다. 멀티플렉스 극장, 대형 서점, 대형 SPA 없이 출발했으므로, 확실한 화제를 불러일으킬 수 있는 공간을 기획해야 했다.

약점이 강점으로 작용한 가장 큰 반전은 공간에서 왔다. Part2에서 설명했듯이 더현대 서울이 입점하기로 한 공간은 원래 백화점이 아니라 쇼핑몰로 기획된 공간이었다. 기본적인 골조는 완성되었는데, 토지 소유주 간의 분쟁으로 공사가 중단된 상태에서 입주가 결정되었다. 더현대 서울이 백지상태에서 계획대로 설계한 것이 아니라, 주어진 제약조건에서 백화점으로 사용할 수 있도록 개선해야 했다.

건축적으로 쇼핑몰과 백화점은 다르다. 앞서 설명했듯이 쇼핑몰은 가로街路를 걷는 듯한 느낌을 주어야 하므로 개방감이 중요하고, 백화점은 고객의 쇼핑 몰입이 중요하므로 위요감圍繞感, 즉 벽으로 둘러싸여 생기는 아늑한 느낌이 중요하다. 쇼핑몰인 IFC와 백화점인 현대백화점 압구정점을 비교해보면 금방 차이가 느껴진다. 그래서 쇼핑몰은 보이드라고 불리는 빈 공간은 크게 쓰고, 그 하중을 견디기 위해 대형 기둥을 사용한다. 백화점은 보이드를 크게 만들 필요가 없기 때문에 기둥을 자제하는 것이 경제적이다. 그런데 더현대 서울은 빈 공간과 큰 기둥으로 구성된 쇼핑몰 공간에 백화점을 만들어야 했다.

이 경우에도 제약은 축복이 되었다. 빈 공간이 많아 매장으로 쓸 수 있는 면적은 크게 줄어들었지만, 대신 내장객에게 쾌적한 고객경험을 줄 수 있는 공간 활용이 가능했다. 널찍한 실내정원이나 시원스러운 폭포는 그래서 구현될 수 있었다. 기둥이 크면 매장으로 활용하기 어려운 이른바 '죽은 공간'이 나오고, 이런 공간에는 대부분 브랜드가 입점을 꺼린다. 더현대 서울은 이런 공간을 다양한 팝업

스토어로 활용할 수밖에 없었는데, 이 역시 초단기로 바뀌는 트렌드에 대응하는 완충공간이 되어 효자 노릇을 하고 있다. 보통의 백화점은 냄새와 환기 등의 이유로 지하 제일 아래층에 식음료 매장을 두는데, 더현대 서울은 지하 2층에 '크리에이티브 그라운드'라고 하는 MZ세대 특화매장이 있고, 식음료 매장이 그 위의 지하 1층에 자리 잡고 있다. 이 역시 몰로 지어질 때 지하 1층의 층고가 제일 높아 식음료에 필요한 환기시설을 설치하기 위해 고육지책으로 마련한 배치인데, 오히려 지하철 연결통로인 지하 2층이 쾌적하고 개성 있는 공간으로 조성되며, 손님맞이에 최적화된 장소로 거듭날 수 있었다.

이렇게 단점이 장점으로 작용하는 반전 현상은 예외적 사건이 아니라, 새로운 정석이 되고 있다. 남양주에 현대백화점그룹의 프리미엄아웃렛이 들어섰는데, 이곳 역시 전통적 기준으로는 상권이 좋지 않았다. 그래서 아웃렛에 꼭 있어야 할 명품 브랜드들이 입점을 꺼렸다. 이러한 약점을 극복하고자 '현대프리미엄아웃렛 스페이스원'으로 명명하고 '갤러리형 쇼핑 공간'으로 테마를 잡았다. 정지영 부사장에 따르면, 단지 저렴하게 물건을 파는 아웃렛이 아니라 "지역주민의 자존감을 세워줄 수 있는 공간"을 만들고자 했다. 현시점의 결산에 의하면 그룹에서 가장 악조건이었던 입지에 들어선 더현대 서울과 현대 스페이스원, 두 곳이 가장 실적이 좋다고 한다. 제약의 역설이다. 격변의 시대에는 제약이 축복이 된다.

왜 제약이 축복이 되는가? 왜 이런 일이 예외적인 현상이 아니라 새로운 정석이 되는가? 트렌드가 너무 빨리 바뀌기 때문이다. 이제 가장 트렌디한 것이 가장 럭셔리한 것이다. 더현대 서울은 변화에 집중했다. 트렌드에 집중한다는 것은 쉽지 않은 일이다. 트렌드가 계속 변하기 때문이다. 백화점은 하나의 '장치 산업'이다. 거대한 투자를 통해 유통공간이라는 장치를 설치해서 경상적인 이윤을 추구한다. 입점 업체와 대체로 장기 임대계약을 맺고 비싼 인테리어를 해야 하므로 순발력 있게 변화를 도모하기 쉽지 않다.

더현대 서울은 변화 자체를 하나의 상수로 둠으로써 이 딜레마를 해결하고자 했다. 상품 매입도 지속적으로 순환할 수 있는 구조를 상시화했고, 트렌드 변화에 순발력 있게 대응할 공간적 여지를 만들어두고자 했다. 예컨대 점 내에 팝업스토어 공간을 충분히 확보하는 것이다. 지하 식당가에는 푸드트럭 형태의 점포를 늘였는데, 길가에서 재미있게 먹는 느낌을 재현하려는 의도도 있지만, 더 중요한 의도는 트렌드가 바뀌었을 때 수시로 교체할 수 있도록 매장의 몸집을 줄이는 데 있었다. 실제로 푸드트럭을 3개월 정도마다 개편해서 고객들에게 늘 새로운 메뉴가 있다는 느낌을 주고 있다. 이는 다면적이면서도 급변하는 고객 페르소나의 변화에 신속하게 대응하기 위해서다.

편집의 힘을 강조하는 김정운 교수는 "제본된 공책보다는 낱장으로 된 카드를 사용하라"라고 조언한다. 수시로 끼워 넣고 순서를 바꿀 수 있는 카드여야 상황 변화에 맞춰 대응할 수 있기 때문이다. 공간 설계나 조직 운영도 마찬가지다. 공책처럼 경직되어 있으며 곤란하다. 카드처럼 미래 변화에 대응할 수 있도록 열려 있어야 한다. 다시 말해서 끊임없이 변화할 수 있는 하나의 판platform을 미리 만들어야 한다. 약점은 나의 힘이다. 우리는 제약과 단점에 너무 위축될 필요가 없는 시대를 살고 있다. 어제의 약점이 얼마든지 오늘의 강점이 된다. 그러므로 '일단 뜨겁게 시도하라.'

02 바보야, 문제는 고객경험이야

    종합병원에 치료를 받으러 진료실로 갔다가 먼저 수납을 하고 오라는 말에 발길을 돌린 적이 있는가? 수납을 마쳤더니 이번엔 검사실에 다녀와야 한다고 하고, 검사를 마치고 돌아오니 진료실의 줄이 엄청나게 늘어나버렸다. 긴긴 기다림 끝에 짧은 진료를 마쳤는데, 추가 비용이 발생했으니 다시 수납하라고 안내를 받은 경험이 있는가? 혹은 스마트폰에서 간단한 금융서비스를 받기 위해 앱을 깔아 회원가입을 하고, 비밀번호가 충분히 복잡하지 않다며 몇 번이고 다시 입력하고, 본인인증을 몇 번씩 반복하게 해서 중간에 포기하고 싶은 마음이 든 적은 없는가? 이 모두가 고객경험이 매끄럽지 않기 때문에 발생하는 일이다.

    고객경험이란 매장, 제품, 점원, 앱 등 기업과의 모든 접점에서 고객이 체감하는 경험의 총체적인 흐름을 일컫는다. 다시 말해서 제품이나 서비스를 인지하는 순간부터 구매, 사용, 수리, 폐기, 재구매까지의 전체 과정에서 고객이 느끼는 경험과 정서를 통틀어 고객경험이라고 한다. 단지 고객 불만을 개선하는 고객 서비스^{Customer Service, CS}와는 차원이 다른 개념이다. 최근에는 디지털 전환^{Digital Transformation}이 강조되면서 디지털 영역에서도 고객경험이 중시되고 있다.[1] 최근 상품과 서비스의 소비자 지향성이 강조되면서 실제공간이나 가상공간을 막론하고 고객경험이 뜨거운 화두로 등장하고 있다.

　최근 전통적인 고정관념을 깨고, 고객경험을 강조하는 상업공간이 속속 등장하고 있다. 신세계백화점이 운영하는 강남 코엑스 쇼핑몰에 거대한 '별마당 도서관'이 생긴 것이 대표적이다. 서점이 아니라 도서관이 쇼핑몰 한복판에 어마어마한 규모로 들어선 것은 현대 소비공간에서 랜드마크 공간이 얼마나 중요한지를 잘 말해준다. 하남의 스타필드 역시 마찬가지다. 이곳 역시 더현대 서울과 공통점이 많다. 배후상권이 약하고, 지하철역(하남검단산역)에서 도보로 10분 정도 떨어져 있다. 대신 공간 경험으로 승부를 걸고 있다. 더현대 서울과 차이가 있다면, 그 타깃이 자녀를 동반한 X세대의 놀이 공간을 지향하고 있다는 점이다. 실내 워터파크인 '아쿠아필드', 스포츠 테마파크 '스포츠몬스터', 체험형 가전 전문점 '일렉트로마트', 세계 최고의 스포츠 브랜드 유통사 '데카트론', 장난감 전문점 '토이킹덤', 전기차 '테슬라' 등은 더현대 서울의 사운즈 포레스트나 MZ세대 타깃 브랜드들과 견줄 만하다.[2] 그동안 규모와 입지로 승부해온 롯데도 최근 경험성을 강조하고 있다. 롯데는 쇼핑을 넘어 머물고 싶은 공간을 지향하는 경기도 의왕의 프리미엄 아웃렛 '타임빌리지'가 문을 열었다.

기존의 백화점 매장도 전면적으로 바뀌고 있다. 신세계백화점은 경기점을 명품·화장품 전문관을 중심으로 대대적인 리뉴얼을 진행하고 있고, 롯데백화점도 기존 상품본부를 열두 개 부문으로 세분화하고 명품 부문을 강화함으로써 강남점을 파격적으로 바꿔 경쟁사를 압도하겠다는 의지를 피력하고 있다. 현대백화점 판교점 4층을 MZ세대 전용공간으로 유플렉스U-PLEX를 리뉴얼했고 본점, 무역센터점, 목동점, 대구점도 대대적으로 바꿀 계획이다.[3]

이러한 변화가 최근 봇물을 이루는 것은 '새로워야 생존한다'는 절박함 때문인데, 특히 대형마트의 노력이 눈물겹다. '스크랩 앤 빌드scrap & build' 전략을 동원해 경쟁력 있는 점포만 남기고 나머지는 과감히 버리는, 그리고 수익이 날 만한 곳으로 새롭게 출점하는 업체가 점차 늘어나고 있다.[4] 롯데마트는 2020년 열두 개 점포의 문을 닫으며 구조조정에 힘쓴 바 있고, 2021년에는 이마트가 네 개, 홈플러스가 다섯 개의 매장을 폐점했다. 살아남은 점포들은 상품 구색을 새롭게 강화하고, 매장의 체험 요소를 극대화하고 있다. 이마트가 열여덟 개, 롯데마트가 스무 개, 홈플러스가 열일곱 개 매장을 새 단장하고 있다.[5] 특히 롯데마트는 4000여 종의 와인을 갖춘 와인숍 '보틀벙커'와 1층 면적의 70퍼센트를 꾸민 롯데마트 '제타플렉스'를 선보였다. 필수품을 주로 판매하는 마트마저 고객경험을 강화하는 것은 최근 공간 비즈니스가 얼마나 절실하게 고객경험의 혁신을 요구하고 있는지를 여실히 보여준다.

쇼핑 공간이 '힙'해지는 것은 온라인의 편리성에 대응해, 오프라인에서만 경험할 수 있는 특별한 공간이 되어야 하기 때문이다. 특히 MZ세대는 경험을 중시하는 세대다. 좋은 물건을 사는 것 못지않게, 멋진 곳이나 맛있는 식당에 방문하는 것을 즐기며, 그 경험을 자발적으로 자신의 소셜미디어에 올린다. 온라인의 발달로 오프라인이 쇠락한다고 하지만, 정확히 표현하자면 '가슴 설레게 하는 경험'을 주지 못하는 공간이 죽는다. 어떤 매장이 불편하고 짜증 나는 고객경험을 준다면 바로 모바일이나 온라인으로 대체하고, 편리하고 즐거운 경험을 준다면 노력과 시간을 들여서라도 기꺼이 방문한다. 더구나 그 경험을 멋진 사진으로 남겨 SNS에 올릴 수 있다면 금상첨화다. MZ세대를 타깃으로 한 공간들이 소위 인스타그램에 올릴 만한instagrammable 공간 조성에 심혈을 기울이는 것도 그 때문이다.

더현대 서울 공간과 운영의 디테일을 살펴보면 더 나은 고객경험을 만들기 위해 세심한 노력을 기울이고 있음을 알 수 있다. 보통의 백화점은 '2층 여성, 3층 남성' 하는 식으로 층마다 성별을 기준으로 브랜드를 배치한다. 반면 더현대 서울 경우에는 수직적 MD라고 해서 2, 3층에 남녀 패션 브랜드를 섞어 배치했다. 그러면서도 층마다 공간 디자이너를 달리해 각 층의 분위기가 사뭇 다르며, 공간을 최대한 넓게 써서 매장을 공유지public space화했다. 넓은 한 층에서 같은 아이템이 무한히 반복되는 지루함을 없애고 층마다 개성 있는 쇼핑경험을 유도하기 위한 것이다. '재미'를 중시하는 MZ세대를 위한 고객경험의 배려이기도 하지만, 페르소나 공간으로 진화시키기 위한 하나의 전략이기도 하다. 전술했듯이 성의 구분이 흐릿해지는 젠더리스 트렌드 아래, 공유지의 여백을 통해 고객 페르소나를 더 개방적으로 담아내기 위한 공간디자인과 머천다이징의 배려다.

지하 식당가의 식사 공간에도 변화를 주었다. 다른 백화점에서는 보통 특정 매장 앞에 식탁을 두는데, 이렇게 되면 다른 가게에서 사온 메뉴를 먹을 때 고객이 부담을 느낀다. 아무래도 해당 식탁은 해당 업소의 '영역'이라는 느낌이 들기 때문이다. 더현대 서울에서는 어떤 메뉴를 선택하더라도 아무 데서나 먹을 수 있게 식탁을 공용화했다. 여럿이 함께 와서 각자 음식을 선택하고 나면 고객 입장에서는 어디서 먹을지 애매해지는데, 이런 곤란함을 사전에 방지한 것이다. 나아가 전술한 웨이팅 시스템을 도입해 고객이 줄 서는 번거로움을 제거하는 동시에 쇼핑 시간을 확보해줬다.

이처럼 끊김 없이 부드러우면서도 감동을 줄 수 있는 고객경험을 설계하는 첫걸음은 '고객 입장에서 생각하는 것'이다. 사실 고객경험은 겉으로 보면 비슷해도, 실제로 경험해보지 않으면 알기 어렵다. 그만큼 디테일이 중요한 영역이다. 요즘 고객은 작은 차이에 열광한다. 디테일에서 새롭게 보여야 한다. 어쩌면 더현대 서울의 핵심 경쟁력은 1000평짜리 실내정원이 아니라, 1인 가구도 부담 없이 구매할 수 있도록 작게 소분^{小分} 포장된 밑반찬 코너에 있는지도 모른다.

고객경험이 강조되면서 공간의 효율성 개념도 달라졌다. 고객경험을 창출하는 공간과 매출을 일으키는 공간 간의 유연한 역할 분담

'테이스티 서울'과
'22 푸드트럭 피아자'가 있는
식음료 공간

이 중요해진 것이다. 예전 백화점에서 집객을 담당하는 시설은 '문화센터' 정도였다. 하지만 이제 전시, 공연, 공공공간, 팝업 행사 등 다양한 공간 활용을 통해 집객하고 이미지를 만들면서, 매출은 다른 공간에서 만들어내는 공간 전략이 중요해졌다. 예를 들면, 전술한 '88라면스테이지' 팝업 행사가 그런 것이다. 염가 제품인 라면, 집게, 머리띠 자체의 매출은 보잘것없을지 모른다. 하지만 고객들이 "재밌다!"라고 탄성을 지르면서 SNS에 홍보할 수 있다면 이미 매출과 관계없이 제구실을 충실히 한다는 것이다.

현대백화점 판교점과 더현대 서울은 규모가 비슷하지만, 실제 매장에서 쓸 수 있는 공간은 판교점이 더 크다. 두 점포의 전용면적은 2만 7000평 정도지만, 영업 면적은 판교점이 약 1만 8000평이고, 더현대 서울이 약 1만 4500평이다. 브랜드도 판교점이 더 많다. 판교점의 브랜드는 약 700개고, 더현대 서울 약 540~550개다. 그럼에도 첫해 매출만 놓고 비교해보면, 더현대 서울의 매출이 더 높다. 효율을 추구하는 매장 공간이 넓다고 매출이 무조건 늘어나는 시대가 아니다. 오히려 매출을 담당하지 않는 '페르소나 공간'의 역할이 더욱 중요하다.

이러한 트렌드는 백화점만의 문제가 아니다. 침대회사 시몬스가 2018년 이천에 문을 연 복합문화공간 '시몬스 테라스', 오뚜기가 서울 강남에 오픈한 분식·양식 레스토랑 '롤리폴리 꼬또', 현대자동차가 서울, 경기, 부산, 베이징, 모스크바 등에서 운영 중인 자동차 체험공간 '현대 모터 스튜디오' 등 오프라인 공간에서 고객경험을 불러일으키고 그를 통해 자사 제품을 홍보하는 사례가 속속 등장하고 있다.[6] 언택트와 팬데믹으로 집에 갇혀 있던 소비자들, 특히 MZ세대 소비자들이 오프라인 공간에서의 실제 경험에 목말라하면서 이제 공간은 브랜드 아이덴티티를 지키는 핵심적인 역할을 수행하게 된 것이다.

이러한 변화를 도모하기 위해서는 각 부문 성과 평가 패러다임도 바뀌어야 한다. 공간마다 핵심성과지표Key Performance Index, KPI를 적용하면, 팀마다 경쟁적으로 매출 효율성을 극대화하는 공간 구성에만 힘쓰게 된다. 집객과 브랜딩에 대한 보조적인 성과지표를 적용하고, "우리는 하나"라는 원팀one team 정신이 뒷받침되지 않으면, 페르소나 공간이 자리 잡기는 쉽지 않다. 그래서 문제는 결국 조직문화로 수렴한다.

"매장賣場이 아니라 매장買場이다.
점포는 물건을 파는 곳이 아니라 물건을 사는 곳이다."[7]

현대 소매 공간의 새로운 패러다임을 제시했던 일본 츠타야 서점의 창업자 마스다 무네야키는 『지적자본론』에서 위와 같이 지적한 바 있다. 매장에 '팔 매賣'가 아니라 '살 매買'라는 한자어를 써야 한다는 것이다. 사전에서 어휘는 바뀌지 않겠지만, 우리의 생각은 바뀌어야 한다. 물건을 '파는' 비즈니스를 하는 판매자 입장이 아니라, 물건을 '사는' 고객 입장에 서야 한다는 것이다.

'어떻게 욕망이 살아나고 가슴이 설레는,
가고 싶은 공간을 창출할 것인가?'

　집중하고자 하는 타깃 고객을 좁고 정확하게 선정하고, 처음부터
끝까지 고객경험에 초점을 맞춰야 한다. 그러면 모든 문제는 저절로
풀려나갈 것이다. 한 번 더 무네야키의 말을 인용하자면, "해답은 항
상 고객에게 있다. 고객이 아닌 다른 곳에서 가져온 해답은 결국 독선
적인 의견일 뿐이다".⁸ 그렇다. 무엇이든 집요하게 고객에게 물어라.

03 회사는 리더의 그릇만큼 큰다

2018년 「본격 LG 빡치게 하는 노래」라는 영상이 유튜브에서 큰 화제가 된 적이 있다. 피지^{FIJI}라는 세제의 애니메이션 광고인데, 아주 충격적이다. 그 수준도 조야^{粗野}할뿐더러, 상품 정보는 마지막에 아주 잠깐 나오고 대부분이 광고주를 조롱하는 내용이다. 심지어 "LG 생활건강 마케팅 부서는 ○됐따리" 하는 욕설까지 나온다. 전례 없던 파격에 소비자들은 댓글 창에서 열광적인 반응을 보였는데, 가장 인상적인 댓글은 이것이었다.

"이게 어떻게 컨펌이 났지?"

그렇다. 아무리 광고가 참신해도 광고주가 오케이를 하지 않으면 절대로 매체에 오를 수 없다. 사실 대단한 것은 이 광고를 제작한 기획사가 아니라 그것을 컨펌해준 광고주다. 그래서 광고업계에는 "광고는 광고주의 수준을 넘을 수 없다"라는 말이 있고, 건축가들은 "건물은 건축주의 수준을 넘을 수 없다"라고 이야기한다. 최종 승인권자가 허락하지 않으면 아무리 창의적인 작품도 세상에 선보일 수 없는 것이다.

조직에서도 마찬가지다. 모든 조직은 결재라는 내부 절차를 통해 의사결정자의 통제 아래 일사불란하게 움직인다. 경영 멘토로 활약했던 조남성 전 삼성SDI 사장은 『그로쓰』에서 "조직은 사장의 그릇만큼 큰다"라고 지적한 바 있다.[9] 조직은 리더의 수준을 넘을 수 없다. 조직은 리더가 믿는 만큼 창의적이 된다

사실 더현대 서울의 성공은 결코 우연이 아니고, 하루아침에 이룬 성과도 아니다. PART 1에서 '혁신 쌓기' 전략에 관해 설명했는데, 현대백화점의 혁신 역량 역시 단번에 이뤄진 것이 아니라 차곡차곡 쌓인 것이었다. 오프라인의 위기가 이야기되던 때에도 현대백화점그룹은 일 년에 꼭 한두 개 이상의 신규 점포를 오픈해오면서, 역량을 축적해왔다. 내부 구성원들이 직무적으로 충분히 훈련되어 있었고, 커뮤니케이션 방식, 부서별 업무 분담 등 효율을 낼 수 있는 기반을 체계적으로 갖춘 상태였다.

특히 2015년에 문을 연 판교점이 하나의 전환점이 되었다. 판교점은 전통적인 백화점의 로직대로 상품과 매장 중심으로 공간을 조성한 것이 아니라, 고객경험을 우선으로 해서 공간·매장·상품을 따라가게 만든, 패러다임의 전환이 이뤄진 최초의 지점이었다. 당시 고

객을 위한 공용공간에 지나치게 넓은 공간을 배분하는 것이 아니냐는 우려의 목소리가 컸지만, 이에 대한 긍정적인 효과를 확인하는 성과가 있었다. 더현대 서울은 이때의 성취를 근거로 기획되었다. 판교점 이후 또 하나의 실험이 있었다. 남양주에 스페이스원 프리미엄 아웃렛을 오픈했다. 이때 명칭을 '현대 프리미엄 아울렛 남양주점'이 아니라 '스페이스원'이라고 붙였으며, 기존 아웃렛과 다르게 '새로운 문화 공간'이라는 모티브를 가지고 세계적인 디자이너 하이메 아욘의 작품을 과감하게 배치해 호평을 이끌어냈다. 이런 여러 실험을 통해 내부적인 역량이 축적된 결과가 더현대 서울의 새로운 시도들이다.

더현대 서울이 브랜드명이라면, 더현대 서울의 슬로건은 '미래를 향한 울림'이다. 공간의 브랜드 슬로건을 '소리 sound'로 표현했다는 점 자체가 신선하지만 다소 어렵다. 브랜드전략팀은 '미래를 향한 울림'을 설명하는 키워드로 '혁신, 글로벌스탠다드, 휴먼' 세 가지를 꼽는다. 브랜드 이미지를 '혁신'하고, 국제표준의 위상을 가진 서울의 '글로벌 스탠다드'를 구현하는 미래형 리테일이자, 리테일테크는 '인간'의 행복을 고양하는 것을 목적으로 한다는 것이다. 더현대 서울의 성공은 MZ세대의 새로운 놀이 공간, 서울의 새로운 쇼핑 랜드마크, 미래를 향한 울림이라는 새로운 사명 mission과 정체성을 백화점 운영 전반에 걸쳐 일관되고 통일감 있게 풀어낸 브랜드 아이덴티티 구현의 성공이라고 요약할 수 있다.

문제는 이런 개념들이 너무 어렵다는 점이다. 고객에게는 브랜드 정체성과 슬로건이 포스트모던하거나 추상적이어도 충분히 호감을 줄 수 있지만, 실행을 맡은 내부 구성원으로서는 정체성이 명확히 규정되어야 일관된 업무 추진이 가능하다. 더현대 서울이라는 거대 브랜드를 쌓아가는 수많은 구성원이 정의하는 혁신, 글로벌 스탠다드, 휴먼이 제각각이라면 통일된 정체성 구축은 요원하다.

최근 소위 '힙'한 브랜드는 소비자의 다양한 라이프스타일에 부합하기 위해 추상적이고 관념적인 가치를 추구하는 경우가 많다. 하지만 관념적일수록 내부 소통은 더욱 어렵다. 사실 이는 많은 브랜드가 겪는 문제이기도 하다. 브랜딩에서 정체성, 가치, 스타일이 중요해질수록 브랜드 방향성을 내재화하기 쉽지 않다.

이러한 문제의식에 근거하여 더현대 서울의 정체성을 내부에 알리는 작업이 선행되어야 하기에, 가장 먼저 수행한 작업이 더현대 서울 별도의 홈페이지를 제작한 일이다. 현대백화점그룹은 자사의 메인 홈페이지인 'ehyundai.com'에서 여러 현대백화점과 아웃렛 정보들을 총괄로 관리 운영하고 있다. 하지만 더현대 서울은 단독 홈페이지(마이크로 사이트)를 제작한 것이다. 별도의 사이트를 마련한 것은 대외적으로 브랜드 정체성을 강화하려는 의도도 있었지만, 조직 내 소통을 강화하기 위한 전략이기도 했다. 고객에게 더현대 서울의 정체성을 정확히 전달하려면, 회사 구성원들이 먼저 입을 맞춰야 했다. 더현대 서울을 대변하는 공통 언어와 주요 메시지를 확립해 전체 부서에 지속적으로 공유했다.

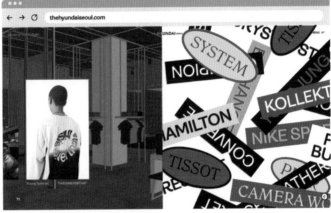

더현대 서울 단독 홈페이지(마이크로 사이트)

정체성을 시각화하는 데도 공을 들였다. 브랜드전략팀 내부에 기획자와 디자이너를 두고, 기획 콘텐츠를 적절히 시각화해 자료를 만들고, 내부 구성원들과 소통했다. 모든 부서가 더현대 서울의 방향성과 정체성을 한목소리로 이야기함으로써 언론 보도나 바이럴 커뮤니케이션에서도 일관된 방향으로 소개될 수 있었고, 나아가 소비자에게도 일관된 정체성을 전달할 수 있었다.

사실 이러한 방향성은 최근 '힙'한 브랜드에서 보이는 공통적인 특징이다. '백화점 없는 백화점 광고'처럼, '침대 없는 침대 광고'로 유명한 시몬스는 크리에이티브 그룹 '시몬스 디자인 스튜디오'를 직접 운영한다. 더현대 서울과는 세부적인 운영 방식이 다소 상이하지만, 비주얼커뮤니케이션을 내부에서 소화한다는 측면에서 유사성이 있다. 국내외를 막론하고 가장 인기 있는 브랜드와 공간 마케팅을 보여주는 선글라스 브랜드 젠틀몬스터도 마찬가지다. 젠틀몬스터에서 특정 콘셉트를 지향하고자 할 때 가장 중요하게 여기는 것 중 하나가 '구성원들이 젠틀몬스터스러움, 젠틀몬스터다움을 공유하고 있는가'라고 한다.

현대백화점의 조직문화를 이야기할 때 반드시 주목해야 할 부분이 있다. 앞서 "지하 2층은 임원이 모르는 브랜드로만 채워라"라는 지시가 있었다고 언급한 바 있다. 이것은 쉽지 않은 일이다. 모든 상급자는 통제의 본능이 있다. 자신이 하급자보다 경험이 많고 더 잘 안다고 믿으며, 그것을 조직의 의사결정 과정을 통해 확인하고자 한다. 그런데 이 지시는 자신이 하급자보다 무지하다는 것을 인정하는 것이다. 그 무지의 빈칸을 위임과 신뢰로 대신하겠다는 것이다. 쉽지 않은 결정이었을 것이다.

실제로 임원들은 젊은 팀장과 직원 그리고 전문가들의 의견이 반영될 수 있게 하는 방파제 역할을 했다. 초과비용이 들더라도 수용해줬고, 다른 부서에서 불만이 터져 나와도 조정해줬다. 리드하지 않는 리더십을 발휘한 것이다. 앞서 쉽지 않은 입지에 백화점을 투자하기로 한 데에는 "젊은 직원들이 도전할 기회의 장을 만들어주자"라는 정지선 회장의 결단에서 시작되었다고 지적한 바 있다. 실제로 회장 본인부터 프로젝트에 관해 세세한 사항을 보고받지 않겠다고 선언하고, 디자이너, 전문가, 실무진의 의견을 존중하기 위해 임원들은 한발 물러서기를 제안했다고 한다. 실제로 백화점 개점 광고 등 주요 사안들이 고위층 결재 없이 진행되었다.

윗사람이 신뢰하면, 아랫사람은 활기와 책임으로 보답하는 법이다. 팀장들은 직원들을 자신의 '갑'이라고 불렀고, 실무진들은 "정말 MZ세대에 대해 지겹도록 공부"하며 화답했다. 신규로 팀을 만들 때도 직원을 '차출'하지 않고, 기존 백화점 구성원들의 '자원'을 받아 선발했고, 일단 선발되면 좌고우면하지 않고 자기 의견을 관철할 수 있는 분위기를 만들었다. "'쟤네 도대체 뭐하는 거야?' 하는 다른 부서의 눈치에도 아랑곳하지 않을 수 있었죠." 어느 팀장의 말이다.

상명하복으로 묘사되는 한국의 대기업 문화, 그것도 군기가 세기로 유명한 유통업계에서 이러한 상향적 의사결정Bottom-Up Decision이 가능했다는 것은 매우 놀라운 일이다. 그것도 실험적인 작은 프로젝트가 아니라, 기존 백화점 설립 대비 설계비만 다섯 배가량이 소요되는 초대형 프로젝트에서 말이다. 신뢰와 결단이 아니면 불가능한 일이다. 이러한 현상은 사실 현대 경영의 근본적인 문제다. 소비자 트렌드가 종잡을 수 없이 다변화하고 거침없이 빠르게 변화하는 환경에서는 '위임'이 조직관리의 핵심이 된다. 인사 관리의 오랜 금언이 새삼스럽다.

"믿지 않으면 쓰지 말고, 썼으면 믿어라."

사실 이러한 현상은 더현대 서울만의 문제는 아니다. 여러 회사에서 젊은 직원들을 주요 의사결정에 참여시키고 있다. 롯데쇼핑은 20~30대 실무 직원이 신입사원 면접관으로 참여하도록 하고 있으며, GS리테일에서는 상품기획, 디자인, 마케팅을 모두 진행하는 전담 기획팀을 20~30대 직원으로만 구성했다. 패션업체 LF도 신규 브랜드를 선보이면서 20~30대 직원에게 시장조사, 기획, 론칭까지 전담시켰으며, 삼성물산 패션 부분에서도 7~8년차 직원들이 홍보 유튜브를 전담해 운영하고 있다.[10] 이처럼 젊은 직원들이 실질적인 권한을 가지고 의사결정과 실행을 전담할 수 있게 하는 것은 그들이 젊은 고객을 더 잘 이해하고 더 잘 공략할 수 있다고 보기 때문이다.

최근 조직관리에서 이러한 자율경영시스템, 즉 홀라크라시 Holacracy가 주목받고 있다. 홀라크라시란 권한과 책임을 소수의 사람에게 국한시키지 않고 조직 전체에 분배하는 자율경영시스템을 말한다.[11] '홀라hola'는 '전체', '크라시cracy'는 지배한다는 의미이므로, 홀라크라시는 '전체가 의사결정 권한을 공유한다'는 의미다. 실제로 놀라운 속도로 급성장해 업계를 놀라게 했던 미국의 온라인 신발 업체 자포스Zappos에는 서클circles 또는 호론스holons라고 하는 자체적으로 조직화된 팀이 있는데, 이 팀은 최고경영진의 의사결정을 기다리지 않고 신속하게 결정하고 조정한다.[12] 홀라크라시를 적용하는 조직에서 종업원의 만족도가 높고 이어 고객 만족에도 긍정적인 결과를 미친다는 연구 결과도 발표되었다.[13]

이처럼 홀라크라시 개념이 떠오르는 이유는 여러 차례 언급했듯이 고객, 특히 젊은 고객들의 트렌드가 매우 빨리 변화하기 때문이다. 고객의 변화에 신속하게 대응하기 위해서는 기존 상명하복의 긴 의사결정 계통을 따르기 어려워진 것이다. 결정에 시간이 오래 걸리기도 하거니와 의사결정자들이 변화하는 고객 트렌드를 제대로 파악하기 힘들다. 이런 상황에서는 해당 실무를 추진하는 자율적인 의사결정 단위에서 신속한 결정을 내릴 수 있게 해야 한다. 더현대 서울이 홀라크라시 조직 체계를 갖추고 있는 것은 아니다. 하지만 홀라크라시의 핵심 전제는 이미 갖고 있다. 바로 '신뢰'다. 급변하는 트렌드의 시대, 결국 모든 실행은 신뢰의 문제로 귀결한다.

04 짧은 맺음말

지금까지의 논의를 요약하면, 뉴리테일 시대에 페르소나 공간이 중요한데, 더현대 서울은 공간디자인, 머천다이징, 커뮤니케이션, 리테일테크, 조직문화 등 모든 국면에서 매장을 페르소나화하는 데 성공했다는 것이다. 그렇다면 더 근원적인 질문으로 들어가보자.

'왜 현대사회에서 페르소나 공간이 중요해졌는가?'

과거와 비교되는 현대사회의 특징은 다양하다. 일단 소득이 높아졌고, 계급이 무너졌으며, 정치가 민주화되었고, 도시가 거대해지고, 무엇보다 기술이 발달했다. 하지만 역시 가장 중요한 변화는 '개인이 중요해졌다'라는 점이다. 이는 단지 개인주의의 발흥만을 지칭하는 것이 아니다. 우리가 자신을 규정하는 정체성의 근거가 개인화되었다는 것이다. 중세시대에는 신 존재에 근거해 개인을 규정했고, 봉건·왕정 체제에서는 신민臣民, 즉 절대권력의 일원으로 개인을 인식했다. 종교가 세속화하고 권력이 민주화된 이후에도 비교적 최근까지 우리는 소속한 지역과 가족의 일원으로 자기 자신을 인식했다. 그런데 이 종교, 왕권, 지역, 가족 공동체의 근거가 흔들리면서 이제는 오롯이 개인, 나 자신만이 정체성의 근원이 되는 시대를 살게 된 것이다.

그 원인은 다양하다. 집단 협업이 중요한 농업에서 개인 노동이 중요한 공업으로 산업적 하부구조가 바뀌었고, 이에 따라 도시로 주거지를 옮기면서 핵가족화함에 따라 가족의 범위가 크게 좁아졌다. 시장도 개인적 소비를 부추기는 방향으로 발달했다. '우리' 물건이 아니라, '내' 물건이 중요해지는 것이다. 이제는 대중교통보다 내 자동차를 선호하고, 공중전화가 아니라 개인 스마트폰을 쓴다. 특히 각종 소셜미디어의 발달이 결정적이었다. 흔히 SNS라고 일컫는 다양한 소셜미디어는 TV나 신문은 물론이고 인터넷과도 차원이 다르다. 게시판의 댓글은 결국 플랫폼의 것이지만, 카톡, 페이스북, 인스타그램, 틱톡, 트위터, 이프랜드의 계정은 순전히 내 것이다. 전 세계를 향해 나를 표현할 수 있는 매체를, 그것도 여러 개 소유하는 시대가 된 것이다.

이런 시대에 가장 중요한 질문은 '나는 누구인가?'라는 정체성에 관한 것이다. 지난날 나를 규정해주던 종교, 권력, 학연, 지연, 가족이 아니라, 항상 접속 가능한 다양한 매체에서 '나를 어떻게 표현할 것인가?'의 문제가 소비를 포함한 모든 일상의 관건이 되기 때문이다. 하지만 스스로 자기 정체성을 찾고 또 규정한다는 것은 쉬운 일이 아니다. 최근 MZ세대 사이에서 MBTI 테스트를 비롯한 각종 자기성향 진단 테스트가 크게 유행하는 것은 우연이 아니다. 어떻게든 스스로 나를 알아가야 하는 일은 이제 모든 현대인의 피치 못할 숙제가 되었다.

모든 것이 소비로 수렴하는 현대 소비사회에서 정체성에 대한 궁구 역시 소비를 통해 이루어지는 경향이 강하다. "나는 쇼핑한다. 그러므로 존재한다 I shop, therefore I am"라는 바버라 크루거Barbara Kruger의 일갈처럼 우리는 쇼핑을 통해 자신의 존재를 규정한다. 미국의 사회학자 어빙 고프먼Erving Goffman은 『자아 연출의 사회학』에서 우리는 일상에서 '연극'을 하며 정체성을 표현해나간다고 지적했다.[14] 가정, 사회, 학교에서, 인터넷과 메타버스 공간에서, 그리고 각종 소셜미디어에서 우리는 수시로 자기를 표현하며 연기한다. 앞서 그리스 연극에서는 배우들이 가면을 쓰고 연기했고, 그 가면을 페르소나라 부른다고 언급했다. 이제 우리의 일상은 이 가면을 떠나 성립하기 어렵게 되었다. 수많은 가면을 수시로 바꿔쓰면서 어느 것이 나의 진정한 모습이고, 어느 것이 나의 가면인지 구분할 수 없게 되어버렸다. 심지어 우리는 종종 가면이 곧 자기 자신이라고 믿는다.

가면을 쓰든 안 쓰든, 자기 정체성 연극에 필요한 것은 무대이고 분장이며 소품인데, 소비사회에서 이것은 필연적으로 구매를 통해 가능하다. 거대한 가장무도회로 극화한 dramatized 현대사회에서 정체성과 소비는 동전의 양면처럼 떼려야 뗄 수 없는 관계를 갖는다. 지극히 개인화된 정체성 혼돈의 시대에, 자기 정체성을 반영할 수 있는 페르소나 공간에서 자신과 동일시할 수 있는 확고한 취향을 바탕으로 구매하는 것은 어쩌면 당연한 일이다.

소비의 두 축은 필요와 욕망이다. 온라인 채널이 편리함과 저렴함을 무기로 필요의 욕구를 충족시킨다면, 오프라인 공간은 경험과 재미를 통해 정체성의 욕망을 충족시켜야 한다. 그 정체성의 욕망이 실현되는 공간이 바로 페르소나 공간이다. 그렇다면 이제 모든 구매 요소가 소용돌이치며 뒤섞이는 뉴리테일 시대에 모든 소비공간이 지향해야 할 목표는 자명해진다.

'페르소나 공간'으로 진화하라.

주

서문: 오직 트렌디한 것이 살아남는다

01 김난도, 『마켓컬리 인사이트』, 다산북스, 2020.

02 「오프라인 매장은 끝날 줄 알았는데…」, 《조선일보》, 2021/10/8.

03 현대백화점, 『현대백화점 30년사』, 현대백화점, 2001.

프롤로그: 뉴리테일 시대가 온다

01 송인호 외, 『여의도: 방송과 금융의 중심지』, 서울역사박물관, 2020.

02 상동.

03 2019년 서울생활문화자료조사 여의도 지역 조사 인터뷰.

04 모종린, 『골목길 자본론』, 다산북스, 2017.

05 김성문 외, 『공간이 고객을 만든다』, 무블출판사, 2021.

06 David Golumbia, "The Amazonization of Everything", Jacobin, 2015.

07 닛케이 MJ, 2021/4/14.

08 서영민, 「『부인들의 행복백화점』에 나타난 여성의 욕망과 소비문화」, 《불어불문학연구 94》, 2013.

09 가시마 시게루, 장석봉 옮김, 『백화점의 탄생』, 뿌리와이파리, 2006.

10 에밀 졸라, 박명숙 옮김, 『여인들의 행복백화점 1,2』, 시공사, 2012.

11 이찬규, 「장소의 탄생: 에밀 졸라와 백화점」, 《프랑스문화예술연구 57》, 2016.

12   서영민, 「『부인들의 행복백화점』에 나타난 여성의 욕망과 소비문화」,
      《불어불문학연구 94》, 2013.

13   이채영, 「19세기 프랑스 백화점 문화를 통한 소비자교육의 가능성 연구」,
      《프랑스학연구 68》, 2014.

14   서영민, 「『부인들의 행복백화점』에 나타난 여성의 욕망과 소비문화」,
      《불어불문학연구 94》, 2013.

15   이채영, 「19세기 프랑스 백화점 문화를 통한 소비자교육의 가능성 연구」,
      《프랑스학연구 68》, 2014.

16   이정옥, 「Emile Zola의 『여인들의 행복백화점』에 나타난 욕망의 양상에 관한
      연구」, 《프랑스학연구 68》, 2014.

17   이채영, 「19세기 프랑스 백화점 문화를 통한 소비자교육의 가능성 연구」,
      《프랑스학연구 68》, 2014.

18   오정숙 외, 「『여인들의 행복백화점』에 나타난 백화점 경영전략 연구」,
      《프랑스문화연구 32》, 2016.

19   김기옥 외, 『소비자정보론: 디지털사회와 소비자』, 시그마프레스, 2001.

20   삼정KPMG 경제연구원, 「유통 대전환의 시작, 리테일 아포칼립스」,
      《Issue Monitor》 제133호, KPMG, 2021.

21   상동.

22   주영훈, 「일본 유통업체들은 무엇을 하고 있을까?」, 《Issue Report》,
      유진투자증권, 2017.

23   삼정KPMG 경제연구원, 「유통 대전환의 시작, 리테일 아포칼립스」,
      《Issue Monitor》 제133호, KPMG, 2021.

24   「국내 유통업계, 처음으로 온라인이 오프라인 이겼다」, 《조선일보》, 2021/12/30.

25   「백화점 입점 NO… '키 테넌트' 우위 시대」, 《매경이코노미》, 2021/11/17.

26   「학자들이 바라본 이커머스의 파괴적 혁신은?」, 《패션서울》, 2020/9/24.

27   「적자 쌓이는 새벽배송… 오아시스는 물 만났네」, 《조선일보》, 2021/12/30.

28 「오프라인 매장은 끝날 줄 알았는데…」, 《조선일보》, 2021/10/8.

29 김성문 외, 『공간이 고객을 만든다』, 무블출판사, 2021.

30 상동.

31 Merriam-Webster's Learner's Dictionary, 네이버 검색.

32 「롯데도 '오프 프라이스' 시장 본격 진출」, 《경향신문》, 2021/12/30.

33 「남성도 키즈도 '플렉스'」, 《메트로》, 2021/12/23.

34 「항아리 상권 고덕·마곡은 휘파람, 명동·홍대 등 핵심 상권은 안갯속」, 《매경이코노미》, 2021/11/17.

35 「백화점 입점 NO, '키 티넌트' 우위시대」, 《매경이코노미》, 2021/11/17.

36 김성문 외, 『공간이 고객을 만든다』, 무블출판사, 2021.

37 아 푸 투안, 윤영호 외 옮김, 『공간과 장소』, 사이, 2020.

38 김성문 외, 『공간이 고객을 만든다』, 무블출판사, 2021.

39 김난도 외, 『트렌드 코리아 2020』, 미래의창, 2019.

PART1.
아이덴티티 : 전에 없이 새로운

01 「스타작가 노윤이 말하는 오디션의 세계」, 《조선일보》, 2022/2/6.

02 가시마 시게루, 장석봉 옮김, 『백화점의 탄생』, 뿌리와이파리, 2006.

03 현대백화점, 『현대백화점 30년사』, 현대백화점, 2001.

04 「MZ세대 백화점 이용 행태 및 선호 브랜드 조사결과 발표」,
대학내일20대연구소, 2020/4/6.

05 「신생브랜드 모셔온 백화점.. 열광하는 MZ」,《매일경제》, 2022/1/14.

06 홍성태 외, 『나음보다 다름』, 북스톤, 2015.

07 김난도 외, 『트렌드 코리아 2020』, 미래의창, 2019.

08 「전 세계가 서울앓이… 내외국인 열에 아홉 '서울 여행할래요'」,《중앙일보》,
2022/1/3.

09 김난도, 『마켓컬리 인사이트』, 다산북스, 2020.

10 짐 매켈비, 정지현 옮김, 『언카피어블』, 리더스북, 2020.

PART2.

공간디자인 : 환상 그 너머

01 임동원, 『행복한 소비: 자본과 건축공간』, 시공문화사, 2008.
이 책에서는 'phantasmagoria'를 '환상등'으로 번역하고 있다.

02 유현준, 『공간이 만든 공간』, 을유문화사, 2020.

03 유현준, 『도시는 무엇으로 사는가』, 을유문화사, 2015.

04 강내희, 『공간, 육체, 권력』, 문화과학사, 1995.

05 발터 슈미트, 문항심 옮김, 『공간의 심리학』, 반니, 2020.

06 「퐁피두·로이드·파크원… 세계 스카이라인 바꾸고 하늘로」,《조선일보》,
2021/12/20.

07   「여의도 파크원의 빨간 기둥」,《중앙일보》, 2021/12/24.

08   「퐁피두·로이드·파크원… 세계 스카이라인 바꾸고 하늘로」,《조선일보》, 2021/12/20.

09   발터 슈미트, 문항심 옮김, 『공간의 심리학』, 반니, 2020.

10   황지영, 『리:스토어』, 인플루엔셜, 2020.

11   허승연 외, 「패션윈도우 디스플레이에 나타난 데페이즈망」,《한국복식학회지》, 한국복식학회, 2014.

12   「통 커진 명품소비에… 백화점 VIP, 2억 써도 탈락한다」,《중앙일보》, 2022/1/12.

13   김난도 외, 『트렌드 코리아 2022』, 미래의창, 2021.

PART3.
머천다이징 : 오직 거기에서만

---

01   한동철, 『머천다이징』, 우용출판사, 2005.

02   「'압구정 · 부자 · 40대' 공식 없다… 新명품족 키워드는 '페르소나'」,《중앙일보》, 2022/1/4.

03   「MZ세대가 이끄는 '아트슈머' 전성시대」,《조선일보》, 2021/12/25.

04   「'압구정·부자·40대' 공식 없다… 新명품족 키워드는 '페르소나'」,《중앙일보》, 2022/1/4.

05   「아미·메종키츠네를 아시나요?… 요즘 뜨는 신명품」,《매일경제》, 2021/4/26.

06   모종린, 『머물고 싶은 동네가 뜬다』, 시공사, 2021.

07 「더현대 서울, 명품 유치 속도… 디올 매장 입점」, 《조선비즈》, 2022/1/3.

08 알 리스 외, 안진환 옮김, 『포지셔닝』, 을유문화사, 2002.

09 「2021년 국내 5대 백화점 70개 점포 매출 순위」, 《어패럴뉴스》, 2022/1/5.

10 김난도 외, 『트렌드 코리아 2021』, 미래의창, 2020.

11 「현대百, 지역사회공헌 인정제 기업 선정 & 신세계百, 슬리포노믹스 매장」, 《뷰어스》, 2011/11/30.

12 「패션 hot 플레이스 '나이스웨더' 가로수길」, 《어패럴뉴스》, 2021/10/5.

13 「낯선편의점의 정체, 나이스웨더」, 《디에디트》, 2021/3/10.

14 김윤미, 『실무에 바로 쓰는 비주얼 머천다이징』, 교문사, 2021.

15 김성문 외, 『공간이 고객을 만든다』, 무블출판사, 2021.

16 마스다 무네아키, 이정환 옮김, 『지적자본론』, 민음사, 2015.

17 「더현대 5층 명당도 비웠다… 명품보다 잘 팔리는 아동복 때문」, 《매일경제》, 2021/11/28.

18 김윤미, 2021, 『실무에 바로 쓰는 비주얼 머천다이징』, 교문사.

19 매트 존슨, 프린스 구먼, 홍경탁 옮김, 『뇌과학 마케팅』, 21세기북스, 2021.

20 임동원, 『행복한 소비: 자본과 건축공간』, 시공문화사, 2008.

21 김주연, 『스페이스 브랜딩』, 스리체어스, 2020.

22 이랑주, 『좋아 보이는 것들의 비밀』, 인플루엔셜, 2016.

23 이윤희, 「국내 화장품 브랜드샵에 나타난 VMD디자인 특성 연구」, 《디자인학연구 77호》, 2007.

24 한경 경제용어사전 참조.

25 네이버 트렌드 지식 사전 참조.

26 https://www.the-pr.co.kr

PART4.
커뮤니케이션 : 취향으로 소통하라

01 양종회, 「문화에 대한 포스트모더니즘적 접근과 모더니즘적 접근」, 《인문과학지
제26호》, 1995.

02 김욱동 편, 『포스트모더니즘의 이해』, 문학과 지성사, 1990.

03 박상희, 「디지털폐인 사이트의 포스트모더니즘과 소비문화 분석」, 서울대학교
석사학위 논문, 2002.

04 김난도 외, 『트렌드 코리아 2019』, 미래의창, 2018.

05 「MZ세대 백화점 이용 행태 및 선호 브랜드 조사결과 발표」,
대학내일20대연구소, 2020/4/6.

06 「NBA: 75년 전통의 프로농구 리그, 어떻게 MZ의 마음을 사로잡았을까」,
《롱블랙》, 2021/12/14.

07 김난도 외, 『트렌드 코리아 2022』, 미래의창, 2021.

PART5.
리테일테크 : 공간, 기술을 입다

01 「오프라인은 죽었다? 온라인 경험 녹인 '피지털' 매장 뜬다」, 《조선일보》,
2021/1/4.

02 황지영, 『리:스토어』, 인플루엔셜, 2020.

03 Amazon Fresh opens 10th Southern California store, supermarket news,
2021/12/17.

04   Sainsbury's c-store adopts Amazon cashierless tech, supermarket news, 2021/11/29.

05   Starbucks has opened a store with Amazon Go, supermarket news, 2021/11/18.

06   「오프라인은 죽었다? 온라인 경험 녹인 '피지털' 매장 뜬다」, 《조선일보》, 2021/1/4.

07   김성일 현대IT&E 대표, 《포브스》, 2021/6/23.

08   상동.

09   「현대IT&E의 피 · 땀 · 눈물… 백화점 첫 무인결제매장 탄생 비결은?」, 《디지컬데일리》, 2021/4/7.

10   「사진찍고 커피 마시다 휴대폰 개통… MZ세대 '핫플' 노리는 이통사 무인매장」, 《중앙일보》, 2020/9/13.

11   Matthew Dixon, The Effortless Experience: Conquering the New Battleground for Customer Loyalty, Your Coach In A Box, 2014.

12   https://www.youtube.com/watch?v=4UbrU3JVsHw&list=WL&index=50

13   「아마존은 왜 백화점 사업에 진출할까」, Byline Network, 2021/8/20.

14   상동.

15   「온라인 유통업 급성장… 오프라인도 공존할 것」, 《대한데일리》, 2021/4/2.

16   「주정차 편한 다이소, 편의점 출점 1순위」, 《매경이코노미》, 2021/11/17.

17   「김성일 현대IT&E 대표」, 《포브스코리아》 202107호, 2021.

18   마이클 바스카, 최윤영 옮김, 『큐레이션』, 예문아카이브, 2016.

19   「20대의 소비트렌드, 나를 위한 소비 '온미맨드'」, 《시선뉴스》, 2018/9/23.

에필로그: 페르소나 공간으로 진화하라

01 김난도 외, 『트렌드 코리아 2021』, 미래의창, 2019.

02 「스타필드가 네버랜드라면 더현대는 힙?」, 《인터비즈》, 2021/8/20.

03 「고쳐야 산다, 백화점 3사 '뚝딱뚝딱' 리뉴얼 경쟁」, 《조선일보》, 2022/1/12.

04 김성문 외, 『공간이 고객을 만든다』, 무블출판사, 2021.

05 「'새로워야 생존'… 대형마트 새 단장 줄 잇는다」, 《매일경제》, 2022/1/20.

06 「물건 안 팔아도 괜찮아요… 달라진 기업들의 공간활용법」, 《한경비즈니스》, 2021/9/9.

07 마스다 무네아키, 이정환 옮김, 『지적자본론』, 민음사, 2015.

08 상동.

09 조남성, 『그로쓰: 경영자로 성장한다는 것』, 클라우드나인, 2021.

10 「MZ세대 공략은 MZ직원에게」, 《조선일보》, 2021/9/13.

11 브라이언 J. 로버트슨, 홍승현 옮김, 『홀라크라시』, 흐름출판, 2017.

12 Krasulja, Radojević, and Janjušić, "Holacrac y: The New Management System", International Scientific Conference-The Priority Directions of National Economy Development, Faculty of Economics, University of Niš, 2016, pp. 187~196.

13 유병대 외, 「4차 산업혁명 시대에서 Holacracy가 종업원 만족과 고객 만족도에 미치는 영향 연구」, 《고객만족경영연구》, 2018.

14 어빙 고프먼, 진수미 옮김, 『자아 연출의 사회학』, 현암사, 2016.

사진 출처

셔터스톡   26쪽.

현대백화점   33쪽, 56-57쪽(ⓒ하시시박), 60쪽-61쪽, 72쪽(ⓒ신경섭), 73쪽, 80쪽, 98쪽, 101쪽(ⓒ신경섭), 108쪽(ⓒ홍기웅), 123쪽, 128-129쪽(ⓒ신경섭), 141쪽, 148쪽, 157쪽, 162쪽, 169쪽, 173쪽, 183쪽, 185쪽, 191쪽, 193쪽, 195쪽, 208쪽, 211쪽(ⓒ신경섭), 221쪽, 226쪽, 247쪽, 255쪽.

위키백과   41쪽, 69쪽(하).

연합뉴스   45쪽, 69쪽(상).

퍼블릭호텔   105쪽.

공저자 소개

최지혜

서울대학교 소비트렌드분석센터 연구위원.
서울대 소비자학 석사·박사.

서울대학교에서 '소비트렌드분석론'과 '소비자정보론' 등을 강의하며, 소비자의 신제품
수용, 세대별 라이프스타일 분석, 제품과 사용자 간의 관계 및 처분행동 등의 주제를
주로 연구한다.
현재 피데스 개발에서 공간 트렌드 발굴 자문, 인천시 상징물 위원회에서 인천시 브랜딩
자문을 수행하고 있다. SK D&D 공유주거 브랜드 '에피소드' 서비스 디자인 및 상품
운영/전략 개발 프로젝트를 진행한 바 있으며, 삼성·LG·아모레·SK·코웨이·CJ 등 다수의
기업과 소비자 트렌드 발굴 및 신제품 개발 프로젝트를 수행했다.
2014년부터 〈트렌드 코리아〉 시리즈의 공저자로 집필활동을 하고 있으며,
《아주경제》에 '최지혜의 트렌드와치', 월간 《신용사회》에 '트렌드 읽기'를 연재하며
칼럼니스트로도 활동하고 있다.

이수진

서울대학교 소비트렌드분석센터 연구위원.
서울대 소비자학 학사·석사·박사.

서울대학교에서 '소비문화론'을 강의하고 있으며, 한국FP학회 최우수논문상,
한국소비자학회 Doctorial Dissertation Competition 장려상을 수상했다. SK Planet
'11번가' 전략기획실에서 리테일 시장 현황 분석 및 전사 전략 기획 업무를 담당했으며,
글로벌 플랫폼의 전략기획·마케팅·영업지원 등의 리테일 실무를 경험했고, 현재 다수의
기업과 소비트렌드 기반 미래 전략 발굴 업무를 수행하고 있다. 경제 흐름을 분석했던
실무와 소비사회 종단 연구를 기반으로 소비문화를 거시적으로 조망하며, 글로벌
소비문화를 비교론적 관점으로 분석하는 것에 관심이 많다. 매일경제TV에서 캐스터로
활동한 바 있으며, KBS 1TV 〈대한민국 길을 묻다〉, SBS Biz 〈트렌드 스페셜〉 등 다수의
프로그램에 출연하고 있다.

이향은

LG전자 상무. 성신여자대학교 서비스·디자인공학과 교수.
영국 센트럴 세인트 마틴Central Saint Martins 석사, 서울대 디자인학 박사.

LG전자에서 고객경험CX 혁신과 관련된 서비스디자인 및 상품기획을 담당하며 공간
서비스 디자인, 트렌드, 라이프스타일 등 디자인과 소비문화를 아우르는 통찰력을
발휘하고 있다. 성신여대 서비스·디자인공학과 교수로서 학계와 업계를 오가며
현대자동차, 삼성전자, 대유위니아, SK 건설 등 다수의 기업 고객경험 및 상품
기획 프로젝트를 수행했으며, 국내외 CX의 중요성이 커짐에 따라 지난해 LG전자
생활가전&공조H&A 사업본부 내에 신설된 고객경험혁신담당·상무로 발탁되었다.
세계 3대 디자인 공모전 중 하나인 '독일 iF디자인 어워드'의 심사위원으로 활동하고
있으며, Q1(상위 25%) SSCI 국제 저명학술지에 연구 논문을 게재하는 등 학자로서의
연구활동도 왕성하다. 2010년부터 〈트렌드 코리아〉 시리즈의 공저자로 집필활동을
하고 있으며, 『디자인 매니페스토』를 저술했다. 과기부·통일부 정책자문위원, 삼성전자
미래기술 자문교수 등을 역임했다. 《중앙일보》에 '이향은의 트렌드터치'를 연재하며
칼럼니스트로도 활동하고 있다.

더현대 서울 인사이트

사람들이 몰려드는 '페르소나 공간'의 비밀

초판 1쇄 발행 2022년 2월 25일
초판 6쇄 발행 2022년 4월 25일

지은이 김난도, 최지혜, 이수진, 이향은
펴낸이 김선식

경영총괄 김은영
책임편집 차혜린 **디자인** 마가림 **크로스교** 김현아 **책임마케터** 김지우
콘텐츠사업5팀장 박현미 **콘텐츠사업5팀** 차혜린, 마가림, 김현아, 이영진
편집관리팀 조세현, 백설희 **저작권팀** 한승빈, 김재원, 이슬
마케팅본부장 권장규 **마케팅2팀** 이고은, 김지우
미디어홍보본부장 정명찬 **홍보팀** 안지혜, 김은지, 박재연, 이소영, 김민정, 오수미
뉴미디어팀 허지호, 박지수, 임유나, 송희진, 홍수경
재무관리팀 하미선, 윤이경, 김재경, 오지영, 안혜선
인사총무팀 이우철, 김혜진
제작관리팀 박상민, 최완규, 이지우, 김소영, 김진경
물류관리팀 김형기, 김선진, 한유현, 민주홍, 전태환, 전태연, 양문현
외부스태프 구성·윤문 박은영 녹취 송새나 저자 사진 타임온미 내지조판 화이트노트

펴낸곳 다산북스 **출판등록** 2005년 12월 23일 제313-2005-00277호
주소 경기도 파주시 회동길 490 다산북스 파주사옥
전화 02-704-1724 **팩스** 02-703-2219 **이메일** dasanbooks@dasanbooks.com
홈페이지 www.dasanbooks.com **블로그** blog.naver.com/dasan_books
종이 한솔피엔에스 **인쇄** 민언프린텍 **코팅·후가공** 제이오엘엔피 **제본** 국일문화사

ISBN 979-11-306-8075-0(03320)

다산북스(DASANBOOKS)는 독자 여러분의 책에 관한 아이디어와 원고 투고를 기쁜 마음으로 기다리고 있습니다. 책 출간을 원하는 아이디어가 있으신 분은 다산북스 홈페이지 '투고원고'란으로 간단한 개요와 취지, 연락처 등을 보내주세요. 머뭇거리지 말고 문을 두드리세요.